생각을 바꿔보면 어떨까요

생각을 바꿔보면 어떨까요

초판 1쇄 2016. 06. 30

지은이/ 남 청
펴낸이/ 선주형
펴낸곳/ 도서출판 소망사
등록/ 제2015-000048호(2015. 9. 16)
주소/ 서울 마포구 독막로 331 마스터즈타워 1903호
전화/ 392-4232 팩스/ 392-4231
E-mail/ somangsa77@hanmail.net

정가 13,000원

Printed in Korea
ISBN 979-11-956881-3-5 03230

생각을 바꿔보면 어떨까요

― 철학이 묻는 질문에 신앙은 어떻게 대답하나 ―

남 청

소망사

| 프롤로그 |

'철학' 하면 연상되는 말들이 있습니다. 회의(懷疑), 사색, 고뇌 등과 같은 말들입니다. 그래서 철학자들 앞에 이런 수식어가 붙기도 합니다. '회의하는 철학자 데카르트' '사색하는 철학자 칸트' '고뇌하는 철학자 쇼펜하우어'.

왜 철학에는 이런 말들이 따라 다닐까요? 그 이유는 철학은 끊임없이 물음을 던지기 때문입니다. 그리고 이 물음에 대한 대답을 얻기 위해 부단히 회의하고 사색하고 고뇌하는 것입니다.

그러나 불행하게도 고대로부터 현대에 이르기까지 그 많은 철학자들이 수많은 물음을 던지고 대답을 얻기 위해 몸부림쳐 왔지만 그 누구도 명쾌한 대답을 얻은 사람은 없습니다. 왜냐하면 철학이 던지는 물음들은 대체로 인간과 세계에 대한 궁극적이고 본질적인 물음들이기 때문입니다.

그러나 철학자들이 대답을 내리지 못한다고 해서 그 물음에 대한 대답이 없는 것은 아닙니다. 내가 어려운 수학문제를 풀지 못하는 것은 내 수학 실력이 부족해서이지 답이 없는 것은 아닌 것과 같습니다.

 필자는 지난 30여 년간 대학 강단에서 철학을 가르쳐온 철학교수입니다. 동시에 20년이 넘게 교회에서 장로로 섬겨왔습니다. 언뜻 보면 철학교수와 장로는 조합이 잘 되지 않는 것 같습니다. 그래서 가끔 "철학교수와 장로는 잘 어울리지 않는 것 같네요."라고 말하는 사람도 있습니다. 하지만 사실은 이 두 역할 사이에는 남들이 알지 못하는 기막힌 조합과 조화가 숨어있습니다. 끊임없이 던지는 철학교수의 질문에 대답은 장로가 하기 때문에 그렇습니다.
 철학과 종교는 진리를 추구하는 데 있어 공통점을 가지고 있습니다. 다만 철학은 보편적 진리를 탐구하나 절대적 진리를 고집하지 않는다는 점에서 종교와 차이가 있습니다. 철학은 인간과 세계의 모든 문제에 대해 부단히 의문을 제기합니다. 그러나 이 모든 의문에 대한 궁극적인 대답은 바라지 않습니다. 그 이유는 철학은 자신의 한계를 잘 알고 있기 때문입니다.
 철학은 언제나 절대적이고 궁극적인 대답에 목말라 합니다. 그러나 스스로 얻지 못하는 대답을 종교에 넘기는 데 주저하지 않습니다. 그것은 철학이 갖는 본성, 즉 비판적 정신과 탐구적 정신을 통해 철학 스스로의 한계를 긋는 지적 겸손의 미덕을 터득하고 있기 때문입니다.

프롤로그 5

이 책에 담은 내용들은 2012-13년에 대전극동방송에서 〈철학과 신앙〉이란 주제로 방송한 내용을 수정 보완한 것입니다. 글의 주제들을 보면 대부분 철학이 다루어야 할 내용입니다. 그래서 먼저 철학적인 시각에서 문제를 던져나가기 시작합니다. 그러나 글의 결론에 가서는 종교적인 입장에서-물론 제가 장로이기 때문에 기독교적인 입장에서-대답이 내려지는 경우가 많습니다. 그렇다고 글의 앞부분과 뒷부분이 엇박자를 내며 억지로 엮여있지는 않습니다. 오히려 기독교 입장에서는 철학과 종교의 자연스러운 만남으로 보일 것입니다.

필자는 이 방송을 하는 동안 철학하는 사람으로서 참 행복했습니다. 왜냐하면 필자가 철학교수로서만 이런 문제들을 붙잡고 씨름했다면 필자 역시 많은 회의와 고뇌로 귀한 시간을 허비했을 것입니다. 그러나 장로의 입장에서 성경적 진리를 통해 쉽게 대답을 내릴 수 있었기 때문에 행복했습니다.

이 책을 통해 필자가 바라는 점이 있다면 기독교인들이 신앙의 관점과 폭을 좀 더 넓혔으면 하는 것입니다. 사실 인간의 모든 문제의 답은 성경에 다 나와 있습니다. 하지만 대답이 이미 성경에 나와 있으니 그렇게 믿고 살면 된다고 하는 것은 너무 단순한 생각입니다. 왜냐하면 성경에 나와 있는 답에 이르는 과정은 결코 단순한 것이 아니기 때문입니다.

인간의 삶의 방식은 인간의 수만큼이나 다양합니다. 그 다양한 삶 가운데 나타나는 삶의 문제들 역시 그만큼 다양하고 복잡할 것입니다. 그러니 그 문제들을 접하고 해결해나가는 방법 또한 다양하고 복잡하지 않겠습니까? 이를 위해 우리는 보다 다양한 사고와 다양한 시각을 통해 다양한 방법으로 정답에 접근해가야 할 것입니다. 요컨대 성경적 결론에 이르기 위한 철학적 방법론이 요구된다고 하겠습니다.

모쪼록 이 책이 신앙을 가진 자들이 보다 폭넓은 사고를 통해 신앙의 성숙을 이루어나가는데 도움이 되길 바랍니다. 동시에 이 책을 읽는 동안 많은 철학적 물음들에 대해 명확한 대답을 얻게 되는 행복한 시간이 되기를 소망합니다.

2016년 6월
남 청

| 목 차 |

프롤로그 / 4

Chapter 1. 생각을 바꿔보면 어떨까요?

　□ 그리스도인의 자기정체성은 어디서 찾나요? | 15
　□ 신앙의 관점을 바꾸어 보세요 | 22
　□ 목적 없이도 살 수 있나요? | 27
　□ 왜? 라는 질문을 던져보세요 | 32

Chapter 2. 인간은 가치를 지향하는 존재

　□ 인간에게 왜 이상이 필요한가요? | 39
　□ 에리히 프롬의 소유형 인간과 존재형 인간 | 46
　□ 무너진 도덕성과 가치관 어떻게 하나? | 50
　□ 보편적 진리와 절대적 진리 | 55

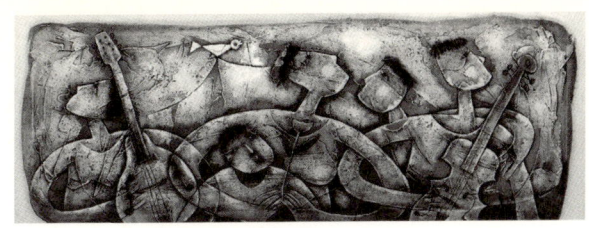

Chapter 3. 실존철학 이해하기

  □ 키르케고르의 미적 실존, 윤리적 실존, 종교적 실존 | 61
  □ 키르케고르의 신 앞에 홀로 선 단독자 | 65
  □ 빅터 프랭클의 로고테라피 | 69
  □ 허무주의를 극복한 니체의 허무주의 | 76

Chapter 4. 인생관, 세계관, 내세관의 문제

  □ 올바른 인생관과 세계관 확립하기 | 85
  □ 철학과 종교를 통해 본 내세관 | 93
  □ 쇼펜하우어의 비관주의 인생관 | 101

Chapter 5. 우리가 바라는 정의로운 사회

  □ 정의로운 사회와 빈부 격차 문제 | 109
  □ 라인홀드 니버의 개인윤리와 사회윤리 | 116
  □ 사르트르의 자유의 가치 | 126

Chapter 6. 철학자들이 던진 문제들

□ 토인비의 도전과 응전의 원리 | 133
□ 소크라테스의 죽음 | 137
□ 역사의 왜곡을 막아라 | 142
□ 데카르트의 방법적 회의와 신의 존재 | 147
□ 스토아학파의 금욕주의 | 151

Chapter 7. 현대인과 현대사회 무엇이 문제인가?

□ 현대인의 고독 : 고도를 기다리며 | 157
□ 무한경쟁으로부터 벗어나라 | 161
□ 포스트모더니즘 무엇이 문제인가? 1 | 165
□ 포스트모더니즘 무엇이 문제인가? 2 | 169
□ 포스트모더니즘 무엇이 문제인가? 3 | 173

Chapter 8. 초월자에 대한 철학적 인식의 한계

□ 현대인들은 신을 어떻게 생각하나? | 179
□ 무신론에 대한 증명은 논리적으로 불가능하다 | 193
□ 범신론(汎神論)과 이신론(理神論)의 맹점 | 187
□ 유물론을 받아들일 수 있나? | 191
□ 칸트 종교관에 대한 비판 | 195

□ 실용주의 종교관에 대한 비판 | 199
□ 철학자들의 신 | 203

Chapter 9. 행복과 행복한 인간관계

□ 행복은 어디에 있나요? | 213
□ 행복에 대한 철학적 이해 | 217
□ 원만한 인간관계를 원하나요? | 224
□ 인간관계의 원리 1 : 갈등 해결하기 | 230
□ 인간관계의 원리 2 : 분노 다스리기 | 236
□ 인간관계의 원리 3 : 다름에 대한 이해 | 241
□ 인간관계의 원리 4 : 남을 배려하기 | 245
□ 인간관계의 원리 5 : 용서의 가치 | 249

Chapter 10. 그리스도인의 바람직한 신앙과 신앙생활

□ 왜 한국 기독교인은 기복신앙인가? | 261
□ 가정에서의 신앙교육 잘 되고 있나요? | 265
□ 한국 교회 미래는 있는가? | 269
□ 그리스도인이 누리는 자유 | 273
□ 그리스도인에게 성공이란 무엇인가? | 277
□ 그리스도인의 자존감은 어디서 찾나요? 1 | 281
□ 그리스도인의 자존감은 어디서 찾나요? 2 | 285

Chapter 1
생각을 바꿔보면 어떨까요?

그리스도인의 자기정체성은 어디서 찾나요?

혹시 '나는 누구인가?'에 대한 진지한 질문을 던져본 적이 있나요? 그리고 이에 대한 만족할만한 대답을 내려 본 적이 있나요? 우리는 막연히 '나는 나 자신을 잘 알고 있다.'라고 생각하지만 사실은 자기 자신을 냉철하게 직시하고 자기 자신을 올바로 안다는 것은, 그리고 이를 통해 분명한 자기정체성(self identity)을 확립한다는 것은 매우 어려운 일입니다.

철학을 탐구하는 가장 중요한 목적 가운데 하나가 바로 '나는 누구인가?'에 대한 올바른 대답을 얻는 것입니다. 소크라테스는 '네 자신을 알라.'라는 말을 자신이 철학의 출발점인 동시에 목적으로 삼았습니다. 얼핏 보면 이런 질문이 어떻게 철학의 거대 담론의 주제가 될 수 있는가, 라고 의아하게 생각할 수도 있습니다.

그러나 자기 자신을 올바로 아는 일은 결코 사소한 일이 아니라 철학의 제일목적이 될 만큼 중요하고도 어려운 일이라고 할 수 있습니다. 그래서 프랑스의 철학자 몽테뉴(M. d. Montaigne)도 "세상에서 가장 위대한 일은 자기 자신을 찾아 자기 자신이 될 줄 아는 일이다."라고 말했습니다.

철학이란 어떤 난삽한 문제를 가지고 까다로운 논쟁을 벌이는 학문이 아닙니다. 철학은 나 자신에 관한 진지한 물음과 대답을 통해 스스로를 올바로 알고 자신의 올바른 인생관을 확립하는데 목적이 있습니다. 이런 측면에서 소크라테스가 말한 '네 자신을 알라.'는 말은 철학의 정곡을 찌르는 말이라고 하겠습니다.

자신을 올바로 아는 것을 철학에서는 자기인식(自己認識)이라고 합니다. 오늘날 정보사회를 살아가는 우리는 실로 엄청난 지식을 소유하고 있습니다. 그러나 우리가 그 많은 지식을 소유하고 있으면서도 자기 자신이 누구이며 무엇 때문에 살고 있는가에 대한 올바른 지식을 갖지 못한다면 그 지식은 사상누각(砂上樓閣)과 같은 공허한 지식이 되고 말 것입니다. 왜냐하면 그러한 지식이야말로 누구를 위한 지식이며 무엇을 위한 지식인지를 알 수 없는 '지식을 위한 지식'에 그치고 말 것이기 때문입니다.

그러므로 우리는 "온 천하를 얻고도 네 생명을 잃으면 무엇에 유익하겠느냐?"는 성경 말씀과 같이 "온 지식을 얻고도 네 자신에 대한 지식을 얻지 못하면 무엇에 유익하겠느냐?"라는 물음을 자기인식을 위해 새

삶 던져 보아야 할 것입니다.

흔히 현대를 가리켜 자기상실(自己喪失)의 시대라고 합니다. 현대인들은 자기의 본래적인 고유한 모습을 잃어버리고 살아간다는 것이지요. 자기의 개성도 취향도, 자기의 생각도 판단도 모두 잃어버리고 유행과 여론에 휩쓸리고 집단과 대중 속에 파묻혀 살아가고 있습니다.

현대 실존철학에서는 자기를 망각하고 대중의 물결 속에 떠밀려 살아가는 인간을 '평균인(平均人)'이라고 말합니다. 현대사회에는 실존의 모습은 보이지 않고 평균인들만이 거리를 메우고 있으며 자기를 집단 속에 숨기고 살아가는 익명(匿名)의 인간만이 존재하고 있습니다. 현대인들에게 자기인식의 문제가 심각하게 대두되는 것은 바로 이와 같은 이유 때문입니다.

인간은 누구나 자기가 자기 자신을 가장 잘 아는 것처럼 생각합니다. 그러나 자기가 자신을 올바로 알고 정확하게 평가한다는 것은 결코 쉬운 일이 아닙니다. 우리는 과연 자신의 인격, 자신의 능력, 자신의 지식, 자신의 도덕성 등에 대해 정확한 인식을 가지고 있는 것일까요? 어쩌면 우리 모두가 자신에 대한 무지(無知)로 인해 자기기만(自己欺瞞)에 빠져 있는 것은 아닐까요? 실제로는 그런 인간이 아닌데 자신의 진면목을 바로 보지 못하고 허황된 착각에 빠져있는 것은 아닐까요? 올바른 자기인식을 위해 이러한 문제들에 대한 주의 깊은 성찰이 있어야 할 것입니다.

철학의 목적은 이와 같이 자기 자신의 허구적인 모습을 찾아내어 이를 무너뜨리는 데 있습니다. 인간이 자신의 거짓되고 가식적인 모습을 직시하고 이를 냉철하게 비판하여 진실 된 자신의 모습을 되찾는 것이 곧 철학의 목적입니다.

다시 말하면 '나는 누구인가?'에 대한 올바른 대답을 얻기 위하여 끊임없이 자기를 반성하고 성찰하는 것, 여기서 한 걸음 더 나아가 자기 속에 있는 모든 위선적인 것을 버리고 자기의 가장 진실하고도 본래적인 모습을 발견하는 것, 즉 참된 자기발견과 자기회복(自己回復)을 추구하는 일이야말로 철학의 가장 중요한 과제 가운데 하나라 할 수 있습니다.

흔히 운동선수나 연예인 같은 사람들은 자신이 받는 연봉이나 출연료가 얼마인가에 따라 자신의 가치를 평가받기도 합니다. 영국 최고의 축구 구단 '맨체스터 유나이티드' 선수였던 박지성 선수의 경우 몸값이 2009년 당시 주급이 1억 원, 연봉으로 약 52억 원 정도가 됩니다. 여기다 이적료가 400만 파운드, 약 75억 원 정도가 추가됩니다.

'코리안 특급' 박찬호 선수의 주가가 한참 올라갔을 때 'LA 다저스'에서 '텍사스 레인저'로 이적하면서 받은 연봉은 1,300만 달러, 한화로 약 150억 원이었습니다. 일반인들이 감히 상상도 할 수 없는 금액입니다. 이와 같이 운동선수의 가치는 그들이 받는 연봉이나 이적료를 보면 알 수 있습니다.

그렇다면 혹시 내 자신의 몸값은 얼마나 된다고 생각하십니까? 자신은 '얼마짜리 인생'이라고 생각하십니까? 왜 하필 박지성이나 박찬호 선수와 비교하며 이런 질문을 하느냐고 화를 내는 사람은 없습니까?

그러나 화 낼 필요는 없습니다. 예수 그리스도를 믿는 그리스도인은 박지성이나 박찬호 선수의 연봉과 같은 50억, 100억짜리 인생이 아니라 그보다 훨씬 비싼 '예수님짜리' 인생이기 때문입니다.

예수님을 자기 삶의 주인으로 고백하고, 예수님의 제자가 된 사람을 두고 성경은 '질그릇 속의 보배'로 비유합니다. 우리는 보잘 것 없는 질그릇 같은 존재입니다. 그러나 예수 그리스도라는 보배가 우리 속에 담겨있습니다. 그래서 우리의 몸값은 우리 속에 있는 예수님 덕분에 엄청나게 비쌉니다.

우리 몸값을 위해서 예수님께서 지불한 것은 값으로 환산할 수 없는 그분의 사랑이요 그분의 생명입니다. 그래서 우리의 몸값은 10억짜리도, 100억짜리도 아닌 '예수님짜리'라고 말할 수 있습니다.

우리는 구원을 말할 때 흔히 '값없이 주어진 하나님의 선물'이라고 합니다. 우리가 구원을 받을 만한 자격도 가치도 없지만 하나님께서 거저, 공짜로 우리에게 구원의 은혜를 베푸셨다는 뜻입니다.

그런데 이때 사용된 '값없이'라는 영어 'priceless'는 두 가지 뜻이 있습니다. 하나는 '값이 없는'이라는 뜻이고, 다른 하나는 '값으로 환산할 수 없는' 즉 '대단히 귀중한'이라는 서로 상반되는 뜻입니다.

구원이란 구원을 받는 우리 쪽에서 보면 우리가 아무것도 한 것 없이 거저 받았지만 하나님 쪽에서 보면 독생자 예수 그리스도를 십자가에서 피 흘려 죽게 하시고 그 대가로 우리를 구원하신 것입니다.

그렇다면 우리가 받은 구원이란 '예수님의 십자가의 죽음'이라는 값으로 환산할 수 없는 가치를 지닌 구원이요, 그런 구원을 받고 하나님의 자녀가 된 우리의 가치 역시 하나님 앞에서는 '값으로 환산할 수 없는 귀한 존재'인 것입니다.

그래서 주님께서는 우리를 '천하보다 귀하다'고 말씀하십니다. 우리 한 사람 한 사람은 모두 주님 안에서 천하보다 귀한 존재입니다. 크리스천들이 '나는 누구인가?'에 대한 자기정체성을 말할 때 이 점을 항상 기억해야 합니다. '나는 하나님 앞에서 하나님의 존귀한 자녀다.' 이것이 정답입니다.

독일의 현대 신학자 폴 틸리히(P. Tilich)는 오늘날 우리에게는 '존재의 용기'(courage to be)가 필요하다고 말합니다. 그가 말한 존재의 용기란 인간이 자신의 존재를 정확히 인식하고 그것을 인정하는 용기를 말합니다. 즉 사실을 사실대로, 진실을 진실대로 인정하는 용기가 곧 존재의 용기입니다. 폴 틸리히는 현대인들이 허무와 불안의 실존적 위기를 극복하기 위해서는 존재의 용기가 꼭 필요하다고 했습니다.

그렇습니다. 그리스도인들도 이 세상을 살아갈 때 존재의 용기가 필요합니다. 우리가 하나님 앞에서 '천하보다 귀한 보배로운 존재'라는 확실한 자기인식이 필요합니다. 그리스도인의 이러한 자기인식은 자존감(self-esteem)의 문제로 이어집니다. 우리가 이 세상을 살아가면서 높은 자존감을 갖는 것은 매우 중요합니다.

미국의 심리학자 데이비드 리버만(D. Riberman)이라는 사람이 쓴 《나에겐 분명히 문제가 있다》라는 책이 있습니다. 이 책의 특징은 우리가 살아가면서 일어나는 여러 가지 문제들을 77가지의 목차로 정리하여 한눈에 볼 수 있게 한 점입니다. 그런데 저자는 이런 여러 가지 문제들의 공통적이고 근본적인 원인을 '자존감의 부족'으로 보고 있습니다. 자존감의 부족이 우리 삶의 구석구석에서, 특히 인간관계에서 다양한 문제들을 일으킨다고 보는 것입니다.

  자존감이 무엇인가요? 자존감이란 자기 자신을 존중하는 마음을 말합니다. 즉 스스로 자신이 중요하고 소중한 존재라고 생각하는 마음입니다. 그렇다면 왜 그리스도인이 높은 자존감을 가지는지 알 수 있겠지요? 자신이 바로 하나님 앞에서 '천하보다 귀한 보배로운 존재'이기 때문입니다. 그리스도인들이 자신의 처지가 어떠하든 높은 자존감을 가지고 이 세상을 당당하게 살아가며 이 세상을 이기는 승리자가 될 수 있는 것은 바로 내가 하나님 앞에서 존귀한 존재임을 확인한 자들이기 때문에 그렇습니다.

신앙의 관점을 바꾸어 보세요

영국의 소설가 찰스 디킨스(C. Dickens)의 단편소설 《두 도시의 이야기》에 나오는 내용입니다.

한 죄수가 오래 동안 감옥에서 복역을 하게 되었습니다. 그는 긴 세월의 감옥생활을 통해 자신도 모르는 사이에 감옥생활에 익숙해집니다. 자신이 거처하는 좁은 공간이 조금도 불편하지 않고 오히려 안락함을 느낍니다.

이 감옥 안에 있으면 세상 걱정거리가 없어 좋습니다. 돈 때문에 신경 쓰지 않아 좋고, 자식 걱정 안 해서 좋고, 아내 잔소리 들을 필요가 없어 좋았습니다. 뿐만 아니라 말과 행동에 신경 쓰지 않아서 좋고, 남의 눈치 볼 일 없고, 체면 차릴 일이 없어 좋았습니다.

거처가 좀 누추하기는 하지만 주는 밥 먹고, 낮에는 시키는 일 하고, 밤에는 자고 싶은 대로 자면 그만입니다. 그래서 그는 이 감옥에서 별다른 불편함 없이 오히려 편안한 마음으로 하루하루를 보냅니다.

　이와 같은 오랜 감옥생활 끝에 드디어 그는 복역기간이 다 되어 석방됩니다. 그는 석방 후 자기 부모님 집으로 돌아가게 되었는데 그의 부모님은 아주 큰 저택에 살고 있었습니다.

　이 저택에서의 첫날 밤, 그는 잠을 이루지 못해 뒤척거렸습니다. 자기가 자는 방의 휑하니 터인 넓은 공간이 그를 불안하게 만들었기 때문입니다. 고급 침대와 부드러운 이불이 조금도 편하지 않았습니다.

　며칠 동안 잠을 설치다가 마침내 그는 넓은 자기 방 한 모퉁이에 벽돌을 쌓기 시작했습니다. 옛날 자기가 거처하던 감방만한 공간을 만든 거지요. 그리고 비로소 그는 그 좁은 공간에서 마음의 평안을 되찾고 안락한 잠을 잘 수 있었습니다.

찰스 디킨즈의 《두 도시의 이야기》를 어떻게 이해했습니까? 이 짧은 이야기 속에서 저자가 말하고자 한 숨은 의도가 무엇일까요?

　흔히 인간을 습관의 노예라고 합니다. 인간은 길들여지는 존재라는 뜻입니다. 편안함도 불편함도 다 길들여지기 나름이라는 것입니다. 우리는 좁은 공간보다 넓은 공간이 편하지만 오랫동안 좁은 공간에 길들여진 죄수에게는 넓은 공간이 오히려 불편하다는 거지요.

　이렇게 길들여진 습관은 평소에 본인은 스스로 잘 자각하지 못합니다. 특히 잘못 길들여진 습관일수록 그렇습니다. 이런 점은 말이나 행동뿐만 아니라 사고의 습관에 있어서도 마찬가지입니다. 예컨대 철학에 대해 잘못 길들여진 생각, 곧 철학에 대한 편견이 이에 해당합니다.

철학이란 일반적으로 생각하듯이 그렇게 난해한 학문이 아닙니다. 하늘의 뜬구름 잡는 이야기만 하는 추상적인 학문이 아닙니다. 철학의 본질은 '사유활동(思惟活動)'에 있습니다. 상식적으로 당연하다고 생각하는 것을 의문을 가지고 다시 한 번 생각해 보는 것이 바로 '철학하는 것'입니다. 상식적인 사고의 틀을 깨고 발상의 전환을 시도해 보는 것, 즉 '관점 바꾸기'가 바로 철학하는 것입니다.

예를 들어 '왜 해는 아침에 동쪽에서 뜨는가?' '왜 거짓말을 해서는 안 되는가?' '왜 모든 인간은 죽어야 하는가?' 이러한 평범하고 진부하기까지 한 사실들에 대해 '왜 그런가?' 하고 의문을 던져보는 것이 바로 철학하는 것입니다.

그러나 이러한 물음들에 대해 일단 진지한 질문을 던져보면 의외로 그 대답이 간단하지 않음을 볼 수 있습니다.

"왜 해는 아침에 동쪽에서 뜹니까?"
"지구가 태양의 주위를 하루에 한 바퀴씩 동쪽에서 서쪽으로 돌아가니까 해는 아침에 동쪽에서 뜨는 것이지요."
"왜 지구가 태양의 주위를 하루에 한 바퀴씩 돌아갑니까?"
"그것은 자연법칙에 의해 지구의 자전과 공전이 이루어지기 때문입니다."
"그렇다면 자연법칙이란 무엇입니까? 자연법칙은 실재하는 것입니까 아니면 인간의 사고(思考)의 산물(産物)에 불과한 것입니까?"

질문과 대답이 여기까지 이르면 참으로 어려운 문제에 봉착합니다. 왜냐하면 자연법칙이 실재하는 것인지 아니면 인간의 사고의 산물인지에 관한 물음은 상식인은 물론 과학자도 쉽게 대답할 수 없는 어려운 문제이기 때문입니다.

우리의 신앙생활 가운데도 이런 점들이 많습니다. 어려서부터 믿어온 모태신앙을 가진 성도들 가운데 자신의 신앙스타일만을 고집하는 분들이 많습니다. 그것이 잘못되었는데도 이미 고착되어 그것을 잘못으로 인정하려들지 않습니다.

기도를 좀 많이 하는 사람은 기도가, 봉사를 열심히 하는 사람은 봉사가, 전도를 많이 하는 사람은 전도가 제일 중요하다고 생각합니다. 그리고 한 걸음 나아가 자기처럼 하지 못하는 사람들을 판단하고 무시하는 경향이 있습니다. 이런 것이 바로 신앙의 독선이 될 수 있습니다.

우리가 신앙생활을 하면서 '관점 바꾸기'가 필요한 이유가 바로 여기에 있습니다. 신앙인에 있어서 관점 바꾸기는 바로 '나의 입장'이 아닌 '하나님의 입장'에서 생각해 보는 것이라 할 있습니다. 발상의 포인트를 하나님께 두는 거지요. 모든 생각과 판단의 기준을 내가 아닌 하나님에게 두는 겁니다. 왜냐하면 하나님의 생각이 내 생각과 전혀 다를 수 있기 때문입니다.

"하나님은 하나님의 방식대로 일하시고, 하나님의 방식대로 행하십니다." 이 말은 하나님은 인간의 생각과 인간의 방식대로 일하는 분이 아니라는 말입니다.

특히 신앙인은 현재 나에게 일어나고 있는 일들이 힘들고 어려울 때, 아무런 희망이 안 보이고 절망적일 때 '내 편'에서만 생각하지 말고 '하나님 편'에서 한번 생각해 보는 것이 필요합니다. 이렇게 할 때 어쩌면 생각지도 않게 일이 쉽게 해결될 수도 있습니다.

  철학의 핵심, 철학의 본질은 사고의 전환에 있습니다. 특히 우리의 잘못 길들여진 인습적인 생각, 고정관념과 편견들에 대해 발상의 전환을 시도해 보는 것입니다. 이러한 관점 바꾸기가 철학만이 아니라 우리의 신앙생활에 있어서도 필요하다고 봅니다.

  우리의 신앙생활이 무사안일에 빠져있거나 생각지도 않은 위기에 직면했을 때 발상의 전환을 시도해 보십시오. 특히 무엇이 잘 안 될 때, 생각을 180도 확 바꿔보기 바랍니다. 항상 내 입장에서만 생각하던 것을 하나님의 입장에서 생각해 보는 것이지요. 이러한 관점 바꾸기가 우리를 새로운 신앙의 지평으로 이끌어 줄 수도 있을 것입니다.

목적 없이도 살아갈 수 있나요?

 아프리카 남부지방에 가면 스프링 복(Spring Bok)이라는 산양이 살고 있습니다. 갈색 털과 긴 뿔을 가진 이 산양들은 넓은 초원에서 수백 수천 마리씩 떼를 지어 다니면서 한가로이 풀을 뜯어먹으며 살아갑니다.
 그런데 처음에는 평화롭게 행렬을 이루며 다니던 이 산양들이 때로는 갑자기 온 무리가 영문도 모른 채 정신없이 앞을 향해 질주하는 모습을 볼 수 있다고 합니다. 이유인즉 이 양떼들은 큰 무리를 이루며 이동하기 때문에 앞에 가는 양떼들이 먼저 풀을 뜯어먹고 지나가면 뒤에 오는 양떼들은 뜯어먹을 풀이 없게 됩니다. 그래서 뒤에 오는 무리가 서로 앞으로 가려고 조금씩 빠르게 앞으로 이동을 하게 됩니다. 그러면 앞서가던 양떼들도 뒤편의 무리가 빠른 걸음으로 밀려오므로 덩달아 자신들도 앞으로 더 빨리 내닫게 됩니다.
 이렇게 하다보면 어느 순간 모든 양떼들이 서로 앞서가려고 점점 빨리 뛰게 되고 급기야는 이유도 모른 채 모든 무리가 전 속력으로 질주하게 됩니다. 그리고 결국 계속 달리다가 그 힘에 의해 때로는 앞에 있는 낭떠러지에 떨어져 떼죽음을 당하는 경우도 있다고 합니다.

왜 달려가야 하는지도 모르면서 죽어라 달리다가 낭떠러지에 곤두박질쳐 죽는 산양들의 모습을 한번 상상해 보십시오. 참으로 어리석기 짝이 없는 놈들이라는 생각이 들지 않습니까? 그런데 사실 우리 인간들이 살아가는 모습 속에서도 이런 산양과 비슷한 일들이 있다는 것을 알아야 합니다.

우리 가운데 왜 내가 뛰고 있는지, 어디를 향해 뛰고 있는지도 모르면서 무작정 뛰고 있는 사람들이 있지 않습니까? 내가 왜 사는지, 삶의 목적은 무엇인지, 삶의 방향이 어디를 향하고 있는지도 모르면서 무작정 열심히만 살면 된다고 생각하는 사람들이 있지 않습니까?

인간은 현재를 살면서도 미래에 대한 목적을 가지고 살아가는 존재입니다. 인간 이외의 모든 존재들은 주어진 현실에 만족을 구하며 살아가지만 오직 인간만은 현실의 만족을 넘어 미래의 보다 나은 만족을 꿈꾸며 살아갑니다. 때로는 미래의 소망을 성취하기 위해 현실을 희생하면서까지 미래를 준비하며 살아갑니다. 이런 측면에서 인간의 삶을 다음과 같은 세 가지 유형으로 구분해 볼 수 있습니다.

첫째는 과거지향적 인생입니다. 과거지향적 인생은 현재를 살아가면서도 생각은 언제나 과거에 두고 있는 삶을 말합니다. 과거 한때 잘 나가던 날들을 그리워합니다. 과거 자기 집이 잘 살았던 때를 생각하며 '그때가 좋았는데...'라고 그리워하는 것이지요. 또 반대로 과거 한때의 실패나 좌절, 또는 후회스러운 일들을 생각하며 괴로워합니다. '그때 그러지 말아야 했는데...'라고 한숨을 쉬며 과거를 아쉬워하고 후회하며 살아갑니다.

둘째는 현재지향적 인생입니다. 현재지향적 인생은 과거에 대한 반성도 없고 미래에 대한 계획이나 비전도 없습니다. 오직 현재 편하고 만족하면 그만입니다. 현재의 삶이 마치 인생의 모든 것인 양, 현재 배부르고 등 뜨시면 그뿐이지요. 이런 사람에게는 미래가 없습니다.

셋째는 미래지향적 인생입니다. 미래지향적 인생은 현재를 살아가지만 미래를 계획하고 미래를 준비하며 살아갑니다. 설혹 오늘이 불만족스럽더라도 보다 나은 미래를 위해 분명한 인생의 목표를 세워놓고 이를 이루기 위해 최선을 다하며 살아갑니다. 우리는 이 세 가지 유형 가운데 어떤 유형의 인생을 살아가고 있을까요?

우리가 비행기를 탈 때, 활주로 이륙이 끝나면 앞 스크린에 지도가 나오고 현재 비행기의 위치가 나옵니다. 또 현재 비행기의 고도가 얼마이고, 시속 몇 km로 가며, 비행기 밖의 온도는 몇 도인지 등의 기록들이 나옵니다. 그리고 마지막에 출발지 시간과 도착지 현지시간이 나옵니다. 그러면 우리는 시계를 도착지 현지시간에 맞춥니다. 그리고 도착해서 해야 할 일들에 대해 생각하며 계획을 세웁니다.

우리의 인생도 이래야 합니다. 현재 우리의 삶은 우리가 세워 놓은 미래에 초점을 두어야 합니다. 현재가 미래를 만들어가는 것이 아니라 미래가 현재를 만들어가야 합니다. 특히 우리 그리스도인들에게 있어서는 우리가 궁극적으로 도달해야 할 영원한 미래의 소망, 천국이 있다는 것을 생각하면 우리의 삶은 당연히 미래지향적인 삶이 되어야 할 것입니다.

우리는 왜 달려야 하는지도 모르면서 무작정 달려가는 산양과 같이 살아서는 안 됩니다. 그러기 위해서는 우리는 다음과 질문을 자주 던져봐야 합니다.

"내가 왜 이렇게 어려운 공부를 해야 하지?"
"내가 왜 이렇게 죽어라 돈을 벌어야 하지?"
"내가 왜 이렇게 힘들게 살아가야 하지?"

라는 질문을 던져보고 이 질문들에 대한 분명한 대답을 내릴 수 있어야 합니다. 그리고 그 대답의 초점은 항상 미래에 맞추어져야 하는 것을 잊지 말아야 합니다.

한때 베스트셀러였던 릭 워렌(R. Warren)의 《목적이 이끄는 삶(The Purpose driven Life)》이라는 책이 있습니다. 이 책은 우리말로 《목적이 이끄는 삶》이라고 번역되었지만 정확한 번역은 '목적에 의해 이끌리는 삶'이라고 하는 것이 맞습니다. 그렇습니다. 우리가 목적을 세우지만 그 목적이 우리를 이끌어가야 합니다.

나에게는 나의 삶을 이끌어 갈만한 목적이 있나요? 내가 세운 목적이 나의 삶에 강력한 영향을 미칠 수 있는 분명하고도 구체적인 목적인가요? 혹시 분명한 목적도 없이 하루하루의 삶이 그저 바쁘고 분주하기만 한 것은 아닌가요?

영국의 현대 철학자 버터란트 러셀(B. Russell)은 "인간은 그가 추구하는 목적에 의해 평가된다."라고 했습니다. 이 말은 "내가 세운 목적은 바로 내 자신이다."라는 말로 이해해도 좋겠습니다. 그만큼 삶의 목적은 중요한 것입니다.

왜? 라는 질문을 던져보세요

현대를 가리켜 사무주의(四無主義) 시대라고 합니다. '무감동, 무책임, 무관심, 무목적'이 그것입니다. 현대인의 도덕적 질병 또는 심리적 병리현상을 표현할 때 쓰는 말입니다.

첫째는 '무감동' 또는 '무감각'입니다. 현대인은 마비된 감정과 이성을 소유하고 있습니다. 현대인들의 감정과 정서는 분명히 병들어 있습니다. 기뻐하는 것도 슬퍼하는 것도 정상이 아닙니다. 마땅히 기뻐해야 할 것에 대해 기뻐하지 않고 마땅히 분노해야 할 것에 대해 분노하지 않습니다.

우리의 이성도 사리판단이 흐려져 가고 있습니다. 무엇이 옳고 무엇이 그른지에 대한 분별력을 잃고 있습니다. 선과 악이 무엇이고 정의와 불의가 무엇인가에 대한 판단력을 상실하고 있습니다. 그래서 우리의 이성과 감정이 방향감각을 잃고 그저 여론과 매스미디어(mass media)의 선전에 따라 깊이 생각지도 않고 쉽게 이리저리 치우치고 맙니다.

둘째는 '무책임'입니다. 현대인은 자신의 말, 자신의 행위, 자신의 삶에 대해 책임지기를 싫어합니다. 책임을 서로 남에게 전가하려고만 합니다. 그러니 자연히 다른 사람에 대한 비판과 비난만 쏟아내고 무엇이 잘못되면 남만 탓하게 됩니다.

현대인들은 모두가 주인의식을 잃어버리고, 주인 되기를 싫어하고 오히려 방관자(bystander)가 되기를 원하고 또 방관자에 머물고자 합니다. 실존으로서의 인간이 아니라 군중 속에서 익명(匿名)의 인간으로 남기를 원합니다. 왜냐하면 익명의 인간에게는 책임이 없기 때문입니다.

셋째는 '무관심'입니다. 현대인들의 이기적인 심리현상을 말합니다. 현대인들은 지극히 이기적이어서 자기에게만 관심을 갖지 자기 이외의 다른 사람들에게는 관심을 갖지 않습니다. 바로 옆집에서 살인 사건이 일어나도 모릅니다. 아니 자기 옆집에 누가 사는지도 모릅니다. 관심이 없습니다. 그저 나만 안전하게, 나만 배부르게, 나만 잘 살면 그만입니다.

도대체 이웃이니, 사회니, 국가니, 민족이니 하는 것에는 관심이 없습니다. 내가 함께 더불어 살아야 할 공동체 같은 것은 나의 방패막이가 되고 나에게 유익할 때만 필요할 뿐이라고 생각합니다.

넷째는 '무목적'입니다. 현대인들은 뚜렷한 목적의식이 없습니다. 삶의 궁극적인 목적이 없습니다. 그렇게 애쓰며 힘들게 살아가면서도, 이리 쫓기고 저리 쫓기며 지내면서도, 무엇 때문에 내가 이렇게 바쁘게 살아가며 무엇을 위해 이렇게 힘들게 살아가는지도 모르고 그냥 하루하루를 살아갑니다. 허무한 수고를 하고 있을 뿐이지요. 거기에는 아무런 꿈도 이상도 없습니다. 그저 순간순간을 어떻게 즐기며 재미있게 사느냐가 문제입니다.

우리는 일상생활 가운데 항상 다음과 같은 두 가지 질문을 던지며 살아갑니다. 첫째는 '왜(why)'에 대한 물음이고, 둘째는 '어떻게(how)'에 대한 물음입니다.
'왜' 공부를 해야 하나?
'왜' 돈을 벌어야 하나?
'왜' 살아야 하나?
또 하나의 질문은
'어떻게' 공부를 해야 하나?
'어떻게' 돈을 벌어야 하나?
'어떻게' 살아야 하나?
이 두 질문이 어떻게 다른지 이해가 가십니까? '어떻게'에 대한 질문은 수단과 방법에 관한 질문이고 '왜'에 대한 질문은 목적과 본질에 관한 질문입니다. 이 두 가지 질문 가운데 어느 질문이 더 중요하다고 생각하십니까?
물론 두 가지 질문 다 중요합니다. 그러나 보다 더 중요한 것은 '왜'에 대한 질문과 그 대답입니다.

예를 들어 '내가 왜 공부를 해야 하나?'에 대한 분명한 대답이 주어지면 '어떻게 공부를 해야 하나?'에 대한 대답은 자연히 뒤따라 나오게 되어있습니다.

공부는 억지로 한다고 해서 되는 것도 아니고, 억지로 시켜서 되는 것도 아닙니다. 공부를 해야겠다는 분명한 목적의식을 가질 때, 즉 분명한 목표가 주어질 때 비로소 학생들은 스스로 정신 차려 공부를 하게 됩니다. '내가 왜 공부를 해야 하는가?'라는 물음에 대답을 얻는 것이 바로 철이 드는 것입니다.

'우리가 왜 사는가?'라는 인생의 문제도 마찬가지입니다. 어떻게 돈을 벌고 어떻게 살아가는지에 대한 대답을 얻는 것도 쉬운 일이 아니지만 우리가 왜 사는가에 대한 대답을 얻는 것은 정말 어려운 일입니다. 그것은 바로 인생의 궁극적인 목적에 관한 물음이기 때문입니다.

소크라테스 이래 철학은 끊임없이 이 물음에 대한 대답을 얻기 위해 애써 왔습니다. 이 물음에 대한 대답은 바로 자신의 인생관을 올바로 확립하는 일이기 때문입니다. 그러나 그 많은 철학자들이 깊이 생각하고 고뇌하여 나름대로 대답을 내렸지만 어떤 철학자도 이에 대한 분명한 대답을 내린 사람은 없습니다.

그러나 그리스도인들에게는 너무나 분명한 대답이 주어져 있습니다. "그런즉 너희가 먹는지 마시든지 무엇을 하든지 다 하나님의 영광을 위하여 하라." 고린도전서(10:31)에 나오는 말씀입니다. 하나님 말씀을 따라 하나님께 감사와 영광을 돌리며 살아야 한다는 삶의 궁극적인 목적이 주어진 것 자체가 참으로 귀한 일이라 하겠습니다.

 누구든 자신이 살아가야 할 분명한 목적이 주어졌다는 것은 목적 없이 방황하는 사람들에 비해 참 행복한 일입니다. 돈과 권력과 명예와 같은 수단적인 목적은 비록 그것을 성취하더라도 참된 마음의 평안과 행복을 주지 못합니다. 왜냐하면 그것들을 성취하더라도 더 많은 돈과 더 높은 권력이나 명예에 대한 욕망이 그대로 남아 있기 때문입니다.

 그러나 영원한 하나님과 영원한 천국에 대한 소망은 그 자체가 궁극적인 가치요, 궁극적인 소망이요, 궁극적인 목적이기 때문에 다른 무엇을 더 구하지 않더라도 참된 평안과 만족과 행복을 얻을 수 있는 것입니다.

Chapter 2
인간은 가치를 지향하는 존재

인간에게 왜 이상이 필요한가요?

　독일의 철학자 쇼펜하우어(A. Schopenhauer)는 세기적 염세주의자로 알려져 있습니다. 그는 "행복은 고통의 부재(不在)를 말한다. 행복은 구름 사이로 잠시 비치는 햇빛에 불과한 것이다."라고 했습니다. 인간의 삶은 항상 고통스러운 것인데 그 고통이 잠시 사라진 상태가 곧 행복이라는 것입니다. 그는 이 세계를 본질적으로 고통의 세계로 보았습니다.

　쇼펜하우어가 이 세계와 인생을 이렇게 비관적으로 본 것은 근본적으로 그의 인간관 때문이었습니다. 그는 인간을 '맹목적인 욕망의 덩어리'로 보았습니다. 모든 인간은 누구나 할 것 없이 원초적인 욕망들로 가득 채워져 있다는 것입니다. 식욕, 수면욕, 성욕, 명예욕, 성취욕, 권력욕, 소유욕 등 실로 인간은 무수한 욕망의 덩어리라 할 수 있습니다.

　문제는 이러한 인간의 무한한 욕망들이 현실 속에서 쉽게 충족될 수 없다는데 있습니다. 끊임없이 분출되는 인간의 욕망 앞에 현실은 언제나 제한되어 있습니다. 그래서 충족되지 못한 욕망은 언제나 고통으로 남을 수밖에 없다는 것이 쇼펜하우어의 주장입니다. 그는 이렇게 말합니다.

> 욕망의 성취를 통해 인간은 결코 항구적인 행복도 안식도 얻을 수 없다. 욕망의 성취는 거지에게 던져 준 동냥과 같아서 비참한 삶을 내일까지만 연장시켜 줄 뿐이다. 어떤 욕망이든 그것이 충족되고 나면 곧 또 다른 욕망이 나타나게 되고 이것은 무한히 계속된다.

그런데 쇼펜하우어가 인생을 고통으로 본 또 다른 이유가 있습니다. 그것은 욕망의 성취 다음에는 언제나 권태가 기다리고 있다는 사실입니다. 우리는 흔히 욕망이 성취되는 것을 행복이라고 생각합니다. 그러나 욕망의 성취가 권태라는 것을 생각하지 못합니다.

물론 우리는 욕망을 성취했을 때 순간적으로 행복을 느끼는 것은 사실이나 그것은 잠깐이요 곧 권태가 뒤따릅니다. 예컨대 '저 사람하고 결혼 할 수만 있다면 소원이 없을 텐데…'라고 생각하나 막상 결혼하고 나면 행복은 잠깐이요 곧 권태가 뒤따른다는 말입니다.

오래 전 어느 신문에 연세대학교 마광수 교수의 칼럼이 실린 적이 있었습니다. 그는 자신이 1980년대에 쓴 책들을 연대순으로 열거했습니다. 처음에 나온 책이 《나는 야한 여자가 좋다》라는 수필집이었고, 그 다음이 《가자 장미여관으로》라는 시집이었으며, 그 다음이 《권태》라는 장편소설이었습니다. 그는 이 세 권의 제목들을 순서대로 나열해 보고 그 제목이 주는 상징성에 대해 무서운 암시력을 느꼈다고 고백했습니다. 세 개의 제목들을 연결해 놓으면 다음과 같은 내용의 글이 됩니다.

'나는 야한 여자가 좋았다. 그래서 천신만고 끝에 그 여자와 함께 장미 여관에 가는 데 성공했다. 하지만 막상 사랑을 나누고 보니 결국은 권태로웠다.'

이런 마광수 교수의 글을 통해 우리는 쇼펜하우어가 욕망의 성취는 행복이 아니라 권태라고 한 것을 이해할 수 있습니다. 쇼펜하우어는 다음과 같이 말합니다.

> 욕망이 충족되지 못함으로 인해 인간에게 내려지는 고통의 채찍이 면제되면 이번에는 권태라는 또 다른 채찍이 떨어진다. 인생은 끊임없이 욕망과 권태 사이를 왕복하는 시계의 단진자와 같은 것이다.

이렇게 본다면 인간에게 있어서 중요한 것은 우리의 욕망과 소망을 어떻게 성취하는가, 하는 것이 아니라 어떤 욕망 어떤 소망을 바라는가, 하는 문제가 되어야 할 것입니다. 만일 우리가 욕망과 소망을 성취하더라도 그로부터 참된 만족과 행복을 얻을 수 없다면 그러한 욕망과 소망은 추구할 만한 가치가 없는 것이라고 보아야 합니다. 그러므로 우리는 참되고 영원한 가치를 지니는 것을 욕망하고 소원해야 합니다.

우리가 높은 이상(理想)을 설정하고 이에 도달하기 위해 몸부림쳐야 하는 이유가 바로 여기에 있습니다. 이상이란 가장 높이 승화된 인간의 본능적인 욕망을 말합니다. 그것을 얻자마자 곧 권태가 뒤따르는 저급한 욕망이 아니라 비록 거기에 도달하는 것이 불가능하게 보일지 모르나 그것을 성취하면 참된 만족과 행복을 얻을 수 있는 높은 차원의 이상이 우리에게는 반드시 있어야 하는 것입니다.

왜냐하면 그와 같은 이상이 주어지고 난 후라야 우리의 삶의 방향이 설정될 것이고 나아가 저급한 욕망들로 인해 고통과 권태 사이를 왕복하는 염세주의 인생관으로부터도 벗어날 수 있기 때문입니다.

그렇다면 그리스도인의 신앙의 이상은 무엇일까요? 신약성경 갈라디아서는 우리에게 하나님의 사람은 '성령의 아홉 가지 열매'를 맺으라고 합니다. 베드로후서는 우리에게 '신의 성품'에 참여하는 자가 되라고 말씀하고 있습니다.

사실 열심을 다해 하나님을 믿는 자들도 성령의 아홉 가지 열매를 맺는 것, 그리고 신의 성품을 닮아가는 것은 정말 어려운 일입니다. "내가 거룩하니 너희도 거룩할지어다." 이 말씀을 지킨다는 것이 어쩌면 불가능할지도 모릅니다. 그러나 우리에게는 이와 같은 신앙의 목표와 이상이 주어져야만 합니다. 그리고 이를 향해 부단히 신앙의 경주를 달려갈 때에 비로소 우리는 저급한 욕망들로부터 벗어날 수 있게 되는 것입니다.

일반적으로 이상을 추구하는 데 있어 대체로 다음과 같은 세 유형의 사람이 있음을 볼 수 있습니다.

첫째는 이상이 없거나 이상을 필요로 하지 않는 사람입니다. 이런 사람은 자신의 삶에 대해 아무런 의미나 가치를 발견하지 못하는 사람입니다. 그는 애초부터 삶에 대해 자신을 잃었거나 너무 많은 실패를 거듭했기 때문에 꿈이니 이상이니 하는 것은 아예 생각지도 않습니다. 이런 사람은 삶에 대한 아무런 계획도 없이 있는 대로 쓰고 되는 대로 살아가는 사람입니다.

둘째는 이상과 현실을 별개로 생각하는 사람입니다. 원대한 꿈이나 이상은 어차피 이루어질 수 없는 소원이라고 보고 이상은 이상대로, 현실은 현실대로 따로따로 생각하는 사람을 말합니다. 이런 사람들이 흔히 하는 말 가운데 '올라가지 못할 나무는 쳐다보지도 말라.'는 말이 있습니다.

이 말은 현실과 동떨어진 허황된 꿈은 아예 갖지 말라는 교훈이 담긴 말이기는 하나 그렇게 긍정적인 말은 아닙니다. 도대체 쳐다보지 않은 나무를 어떻게 올라간단 말입니까? 쳐다보아야 합니다. 쳐다보아야만 올라갈 수 있는 수단과 방법을 찾아낼 수 있을 것이 아닙니까? 물론 우리의 꿈과 이상을 무지개처럼 너무 허황되게 잡는 것은 옳지 않지만 현실에만 집착해서 꿈과 이상을 아예 현실과는 별개의 것으로 생각하는 것은 올바른 태도가 아닐 것입니다.

셋째는 이상을 분명히 세워 놓고 그것을 이루어 나가고자 하는 사람입니다. 그는 이상에 대한 희망을 가지고 땀과 인내로서 이상을 현실로 옮기려는 사람입니다. 그는 먼저 자기가 추구하는 꿈과 이상을 언젠가는 성취할 수 있다는 긍정적이고 적극적인 태도와 희망을 가집니다. 그리고 그 꿈과 이상을 이루고자 혼신의 힘을 쏟습니다. 그리고 기다립니다. 꿈과 이상을 이루기 위해서는 기다리는 인내가 필요하니까요.

미국의 강철왕 카네기는 그의 사무실 가장 잘 보이는 곳에 한 폭의 낡은 그림을 평생 동안 붙여 놓았다고 합니다. 그 그림은 유명한 화가가 그린 것도 아니고 골동품적인 가치가 있는 그림도 아니었습니다. 어떤 사람이 그에게 "선생님께서는 왜 저 그림을 항상 저 곳에 붙여 놓고 계십니까?" 하고 물으니 그는 다음과 같이 대답했습니다.

내가 젊었을 때 세일즈맨을 하고 있을 때였지요. 이 집 저 집 물건을 팔러 다니다가 한 번은 어떤 노인이 살고 있는 집에 들렀는데 그 집의 응접실에 이 그림이 붙어 있었습니다. 그림의 내용인즉 넓은 바닷가 백사장에 낡아빠진 나룻배 한 척이 휑하니 그려져 있는 그러한 그림이었지요. 때는 썰물 때여서 바닷물이 다 빠져나가고 나룻배는 백사장 모래 위에 얹혀 있고 노는 노대로 나룻배 옆에 나뒹굴어져 있는, 그래서 보기에도 아주 황량하고 어쩌면 절망적인 무엇을 느끼게 하는 그런 그림이었습니다.

그런데 그림 밑에 글씨가 쓰여 있었는데 '반드시 밀물 때가 온다.'는 글이었습니다. 그림을 보는 순간 그림과 글이 너무 인상적이고 감동적이어서 노인에게 부탁하기를 '노인께서 돌아가실 때에 저 그림을 꼭 저에게 주십시오.' 하고 수차례 간청했지요. 그 후 노인이 그때의 약속을 지켜 그가 죽을 때 저 그림을 나에게 주었습니다. 그때부터 나는 저 그림을 평생 동안 가까이 걸어놓고 저 그림으로부터 얻은 교훈과 그때의 결심을 한평생 동안 지속하고 있습니다.

카네기의 인생의 교훈이 담긴 이야기입니다. 꿈과 이상을 가지고 자신의 인생에도 '반드시 밀물 때가 온다.'는 확신 속에 살아가는 자는 결코 인생을 포기하지 않습니다. 그런 자에게는 인생에 대한 낙심과 좌절은 어울리지 않는 말입니다.

우리가 자신의 삶을 부정적으로, 비관적으로, 냉소적으로 보는 염세주의적 인생관을 극복할 수 있는 방법이 무엇일까요? 그것은 곧 간절한 꿈과 이상을 갖는 일입니다. 이를 위해 우리는 오르지 못할 나무라도 똑바로 쳐다볼 수 있는 지혜와 용기를 가질 필요가 있습니다.

"그대의 꿈이 한 번도 실현되지 않았다고 해서 슬퍼하지 마라. 진실로 슬퍼해야 할 것은 한 번도 꿈을 꿔 보지 않은 사람들이다." 어느 시인이 한 이 말은 옳은 말입니다. 특히 하나님의 자녀들은 하나님 안에서 꿈을 가져야 합니다. 그 꿈이 하나님의 뜻에 합당한 꿈이라면 하나님이 반드시 이루어주실 것이라는 믿음과 확신을 가져야 합니다.

"나 여호와가 말하노라. 나의 생각은 내가 아나니 재앙이 아니라 곧 평안이요 너희 장래에 희망을 주려 하는 생각이라." 예레미야(29:11)에 나오는 말씀입니다. 하나님의 자녀들의 인생관은 항상 긍정적이고 낙관적이어야 합니다. 우리가 믿는 하나님 그분이 우리의 소망이 되며, 하나님의 말씀이 장래의 희망을 약속해 주기 때문입니다.

에리히 프롬의 소유형 인간과 존재형 인간

　독일의 현대 정신분석학자요 사회학자인 에리히 프롬(E. Fromm)의 저서 가운데 《소유냐 존재냐(To Have or To Be)》라는 책이 있습니다. 그는 이 책 속에서 인간을 '소유형 인간'과 '존재형 인간' 두 종류로 구분하였습니다.
　'소유형 인간'이란 인생의 의미와 목적을 '무엇을 소유하는 데' 두고 사는 사람을 말합니다. 반면 존재형 인간이란 인생의 의미와 목적을 '인간답게 존재하는 데' 두고 사는 사람을 말합니다.
　많은 사람들은 인간은 자기가 원하는 것을 소유하거나 원하는 바가 이루어질 때 행복해진다고 생각합니다. 예를 들어 45평 아파트에 외제차를 타고 다니면 행복해진다고 생각합니다. 아니면 SKY 대학에 들어가기만 하면, 회사에서 과장으로 승인하기만 하면, 저 사람과 결혼만 하면 행복해진다고 생각합니다. 이런 사람을 프롬은 소유형 인간이라 불렀습니다.

반면 '존재형 인간'은 행복을 이런 차원에서 구하지 않습니다. 인생의 행복은 가치 있는 것을 소유할 때 얻게 되는 것이 아니라 자신의 삶 자체가 가치 있게 될 때 얻게 되는 것이라고 생각합니다. 즉 자신이 이 세상에 존재할만한 가치와 의미가 있는 삶을 살아갈 때 비로소 인간은 행복해 질 수 있다고 생각합니다. 이런 사람을 프롬은 존재형의 인간이라고 불렀습니다.

만일 우리가 소유를 통해 행복해질 수 있다면 경제적인 부를 누리는 자가 곧 행복한 자라고 할 수 있을 것입니다. 그러나 행복이 경제적인 부와 비례하지 않는다는 것은 복지의 천국이라고 일컫는 북유럽 국가들을 보면 잘 알 수 있습니다. 지상천국을 연상케 하는 아름답고 풍요한 나라들이 자살률과 이혼율이 세계에서 가장 높고 불면증 환자와 알코올 중독자가 세계에서 가장 많은 나라 중의 하나라고 하는 것은 경제지수와 행복지수가 반드시 비례하는 것은 아님을 잘 말해주고 있습니다.

현대인의 가장 큰 인격적인 결함 가운데 하나는 감사의 미덕을 잃어버리고 산다는 것입니다. 현대인은 가진 것은 많으나 감사가 없습니다. 소유는 많으나 만족이 없습니다. 매사를 남과 비교하며 상대적 박탈감과 빈곤감으로 인해 불행해하고 있습니다. 행복을 소유를 통해 추구하려고 하기 때문에 그렇습니다.

반면 현재 자신의 삶 자체가 가치 있다고 생각하는 사람도 있습니다. 현재 자신의 존재와 자신의 삶에 대해 감사하는 자입니다. 어떤 조건을 충족시키고 어떤 상태에 도달해야만 감사한 것이 아니라 현재의 상황 속에서 자신의 삶에 만족하고 감사하는 것이지요.

감사하다를 영어로 'thank you'라고 합니다. 이때 thank라는 단어는 그 어원이 '생각하다'라는 think와 같다고 합니다. 우리가 생각을 깊이 하면 모든 것에 감사할 수 있습니다. 감사가 없는 것은 생각이 짧아서입니다. 철이 없는 아이들이, 생각이 짧은 아이들이 부모님에게 감사가 없습니다. 불평불만이 많습니다. 그러나 그 아이들이 철이 들어 생각이 깊어지면 부모님에게 감사하게 되어 있습니다.

어떤 젊은이가 원망이 많았습니다. 나는 왜 이런 가정에 태어났을까? 왜 부잣집에서 태어나지 못했을까? 왜 나에게는 운이 따라주지 않을까?

이렇게 항상 원망하며 살고 있었는데 어느 날 좋은 소식을 들었습니다. 저 깊은 산 속에 신령한 노인이 살고 있는데 행복을 나누어 준다는 것입니다.

이 젊은이는 좋은 기회라고 생각하고 그 노인을 찾아 나섰습니다. 높고 험한 산을 고생고생해서 올라갔더니 과연 신령한 노인이 있었습니다. 그 노인은 절벽에 서서 무슨 주머니 같은 것을 절벽 아래로 던지고 있었습니다.

그 노인에게 가까이 간 젊은이가 물었습니다.

"어르신, 지금 뭘 던지고 계십니까?"

"나는 세상 사람들에게 행복을 던져 주고 있다네."

"그렇습니까? 어르신, 그 행복을 저에게도 좀 주십시오."

"저기 많이 쌓여 있으니 가져가게나."

'이게 웬 떡이냐?'라고 생각한 젊은이는 급히 절벽 아래로 달려가서 쌓여 있는 주머니들을 한 아름 안았습니다. 그런데 모든 주머니에는 이름이 붙어 있었는데 하나같이 고난, 아픔, 실패, 갈등… 이런 이름만 쓰여 있었습니다. '행복에 걸맞은 이름은 없나?' 하고 찾아보았으나 그럴 만한 이름은 하나도 없었습니다.

그래서 청년은 절벽을 올라와 노인에게 다시 물었습니다.

"아니, 어르신, 행복을 준다고 해 놓고 이런 것만 주시면 어떻게 합니까?"

그러자 노인이 이렇게 대답을 했습니다.

"사실은 그 주머니를 풀면 그 안에 행복이 가득 들어 있다네. 그런데 사람들이 그것을 풀지 못해서 행복을 얻지 못하는 것이라네."

"아니, 그러면 이 주머니를 어떻게 하면 풀 수 있습니까?"

"그 주머니를 푸는 방법이 딱 하나 있지."

"그것이 무엇입니까?"

노인이 이렇게 대답했습니다.

"사람이 감사하는 순간 그 주머니는 풀리고 그 속에서 행복을 얻게 되는 것이라네."

그렇습니다. 감사는 행복이 들어오는 통로입니다. 현재 나의 삶에 대해 감사하는 것 자체가 행복입니다. 나에게 주어진 현실을 남과 비교하지 않고 그 가운데서 가치와 의미를 발견하며 살아가는 자가 곧 에리히 프롬이 말한 존재형 인간입니다.

무너진 도덕성과 가치관 어떻게 하나?

오늘날 우리사회는 가히 가치관의 혼란의 시대라고 말할 수 있습니다. 그 원인 가운데 하나는 지금까지 수백 년간 지속된 유교 중심의 봉건적 사회제도가 무너지면서, 이와는 전혀 이질적인 서구 근대시민사회가 아무런 대비나 여과도 없이 급작스레 밀어닥친 데서 오는 사회 문화적인 충격 때문이라고 볼 수 있습니다.

농경사회가 산업사회로, 산업사회가 다시 정보사회로 변하고, 대가족 제도가 핵가족 제도로, 유교적 가치이념과 생활양식이 서구적이고 과학적인 사고방식과 행동양식으로 바뀌면서 서구사회가 2~300년 동안 겪었던 변화가 우리 사회에서는 불과 5~60년 사이에 일어났기 때문입니다.

과거 우리의 전통사회가 혈연과 지연으로 얽힌 자연공동체였다면 현대시민사회는 사회구성원의 인위적인 이해관계에 따라 형성된 이익사회라고 할 수 있습니다. 따라서 오늘날 우리 사회에 개인의 이익 추구라는 다분히 이기적이고 배타적인 성향이 밑바닥에 깔려 있는 것은 당연한 일입니다.

　서구사회에는 근대 합리주의 이후에 나타난 이성에 대한 신뢰와, 인간성에 대한 믿음이 깔려 있었습니다. 그리고 이를 바탕으로 합리적인 사고와 토론, 평화적이고 공정한 경쟁, 자유와 평등에 대한 이해와 염원 등을 추구하는 성숙한 시민의식이 확립되어 있었습니다.
　이러한 시민의식을 토대로 서구인은 타인과의 관계에 있어 자기 이익의 한계가 필요하다는 것과, 자신의 이익과 행복의 추구가 사회 전체의 복리 증진과 상치되지 않아야 한다는 공리성(功利性)을 소중하게 생각했습니다. 합리성을 바탕으로 한 이러한 공리주의적인 사고방식이 서구 근대시민사회 도덕의 기본 틀이 되어왔던 것입니다.
　그러나 우리에게는 이런 사고의 훈련과정도, 도덕규범의 시험 절차도 없었고 이를 소화할만한 시간도 여건도 충분치 않았습니다. 우리 사회의 가치관의 혼란은 마치 서구인들이 수백 년 동안 키워 온 가치체계의 나무를 옮겨 심었으나, 그 나무가 기후와 토양이 맞지 않아 뿌리를 내리지 못한 것과 같습니다.

　여기에 덧붙여 우리의 가치관을 더욱 혼란스럽게 한 것은 급속한 정보통신기술의 발달로 인한 인터넷의 보급과 이로 인해 국가와 민족 간의 장벽을 허무는 지구촌사회가 등장함으로 종래의 가치관에 대한 회의와 갈등이 야기되었기 때문입니다.

뿐만 아니라 근대인이 가졌던 인간 이성에 대한 신뢰는 과학기술공학의 비약적인 성과를 통해 이성에 대한 오만함을 낳게 하고 인간 능력의 한계를 거부함으로 지금까지 이룩해 놓은 인간의 정신적 산물인 모든 가치체계를 불필요한 구속으로 배척해 버렸다는 점입니다.

오늘날 과학주의 패러다임에 있어서는 인간을 도구적 합리성과 효율성의 극대화라는 측면에서만 파악할 뿐 인간의 내면에 자리 잡고 있는 본질적인 가치, 즉 인격과 개성, 삶의 의미와 목적, 도덕적 선과 양심 등에 대해서는 아무런 관심도 두지 않습니다.

과학이 이룩해 놓은 성과는 그로 인해 야기된 문제를 해결해 주지는 못합니다. 과학은 철저하게 가치중립적이어서 옳고 그름에 대한 판단을 유보합니다. 그래서 아인슈타인은 "도덕이 없는 뛰어난 기술은 도덕이 있는 뒤떨어진 기술보다 훨씬 위험하다."라고 하며 위험수위를 넘어선 현대사회의 도덕의 부재현상에 대해 경종을 울리기도 했습니다.

그렇다면 오늘날 우리사회에서 일어나고 있는 이와 같은 가치관의 혼란에 대한 우리의 대안은 무엇일까요? 욕망의 법칙에 따라 살아가는 현대인의 끝없는 욕망의 분출에 제동을 걸만한 장치는 없을까요? 우리는 이러한 사회 병리적 현상들을 극복할 수 있는 도덕적 저항력을 어느 정도 갖추고 있는 것일까요? 인륜과 도덕 자체를 부담스러워하고 기피하는 풍조에서 인간이 인간다워질 수 있는 길은 어디에 있을까요?

길이 없는 것은 아닙니다. 어쩌면 이 길이 가장 어려운 길인지도 모르겠습니다. 그것은 바로 우리의 생각의 틀을 바꾸는 것입니다. 생각의 틀을 바꾼다는 것은 근본적인 문제입니다. 그러기에 쉬운 일이 아닙니다. 과학기술의 발달이 인간의 행복을 보장해 줄 것이라는 과학맹신주의, 돈이면 무엇이든 할 수 있다는 천박한 물신주의, 인간의 가치를 인격이 아닌 기능에서 찾으려 하는 비인간화 내지 속물주의, 무엇이든 변화해야 한다는 변화지상주의... 이런 생각의 틀을 바꾸는 것이 바로 그 방법입니다.

한 번은 생선장수가 꽃을 파는 친구에게 놀러갔습니다. 오랜만에 만났기에 그 친구 집에서 이런 저런 이야기를 나누다가 밤이 늦어 그 친구 집에서 하룻밤을 자게 되었습니다.
그런데 자기가 자는 방 주위에는 온통 꽃들로 가득 채워져 있었고 방 안은 꽃향기로 진동했습니다. 그 방에서 자는 생선장수는 꽃 냄새 때문에 잠을 잘 수 없었습니다. 할 수 없이 그는 밖에 나가 자신의 생선 바구니를 방에 가져와 비린내 나는 그 생선 바구니를 머리맡에 놓고서야 비로소 코를 골며 잠을 잘 수 있었다고 합니다.

왜 그랬을까요? 생선 비린내에 젖어온 생선장수의 타성 때문이었습니다. 타성이란 이렇게 무서운 것입니다. 타성을 바꾸는 것 가운데 가장 힘든 것은 잘못된 생각의 타성을 바꾸는 것입니다. 그것이 잘못인 줄 알면서도 이미 타성에 젖어 아무렇지도 않게 생각하기 때문입니다.
우리가 오늘날 우리 사회의 무너진 도덕성과 잘못된 가치관을 바꾸기 위해서는 잘못된 생각의 타성을 바꾸는 획기적인 사고의 전환이 있어야만 하겠습니다. 단순히 잘못된 행위 한두 가지를 고친다고 될 일이 아닙니다. 우리 사회에 만연한 전도(顚倒)된 가치관에 대한 근본적인 수술은 우리 속에 있는 잘못된 생각의 틀을 바꾸는 길밖에 없는 것 같습니다.

보편적 진리와 절대적 진리

　인도에 철학에 깊은 관심이 있는 두 청년이 살았습니다. 그들은 평소 철학에 관한 책도 읽고, 훌륭한 스승을 찾아가 대화도 나누고 많은 것을 배우기도 하며 철학에 대한 지식을 쌓아갔습니다.
　그러나 두 청년에게 문제가 생겼습니다. 그들이 철학을 공부하면 할수록 오히려 철학에 더 많은 의문이 일어나고 인생의 많은 문제들이 미궁에 빠졌기 때문입니다. 그들은 참 곤혹스러웠습니다. 많은 책들을 읽었으나 대답을 얻지 못하고 여러 스승을 찾아갔으나 별 성과를 거두지 못했습니다.
　이렇게 진퇴양난에 빠져있을 때 그들에게 희소식이 전해졌습니다. 그것은 멀리 떨어진 티베트에 120세가 된 현자 한 분이 살고 있는데 그는 인생의 모든 비밀을 다 알고 있다는 것입니다. 두 청년은 '그렇다, 바로 그 현자를 만나야 되겠다.'라고 생각하고 먼 길을 떠날 채비를 하고 티베트를 향해 출발했습니다.

그들은 오랜 기간 산을 넘고 강을 건너 드디어 티베트에 도착했습니다. 그리고 사람들에게 그 현자가 사는 곳을 묻고 물어 겨우 현자의 처소를 발견했습니다. 사람들이 가르쳐준 대로 산 아래 멀리 현자가 사는 집이 보였습니다. 그들은 가슴이 두근거렸습니다. 먼 길을 죽을 고생을 다 하여 왔으나 이제 현자만 만나면 인생의 모든 문제가 풀릴 것을 생각하니 피곤이 다 달아났습니다.

그들은 단번에 현자가 있는 곳까지 달려갔습니다. 그리고 방문 앞에서 조용히 숨을 죽였습니다. 잠시 기다리다가 드디어 방문을 조심스레 열었습니다. 방 안은 어두컴컴했습니다. 자세히 보니 현자가 방 아래에 조용히 앉아 있었습니다.

그들은 자세를 가다듬고 방 안으로 들어갔습니다. 그리고 겸손하게 현자 앞에 무릎을 꿇고 예를 갖추었습니다. 얼마간의 시간이 흐른 후에 그 가운데 한 청년이 입을 열었습니다. 그들이 어디에 사는 누구이며 왜 여기까지 왔는지에 대해 소상히 현자에게 설명했습니다. 그리고 인생의 비밀에 대해 모든 것을 가르쳐주기를 간청했습니다.

두 청년은 한참을 기다렸습니다. 방안에는 긴 침묵이 흐르고 현자의 거친 숨소리만 들려왔습니다. 드디어 현자가 눈을 거슴츠레 떴습니다. 그리고 두 청년을 한동안 응시했습니다. 그리고 조용히 입을 열었습니다.

"인생은... 인생은 깊은 우물이다. 그 우물을 스스로... 스스로..."

두 청년은 가슴이 뛰었습니다. 드디어 인생이 무엇인지에 대해 현자가 입을 연 것입니다. 귀를 기울이고 그 다음에 무슨 말이 이어질지 두 청년은 현자의 얼굴을 주목했습니다.

그런데 그 한 마디를 한 후 입을 다문 현자는 더 이상 아무 말이 없었습니다. 곧 무슨 말이 이어질 것 같았으나 끝내 아무 말이 없었습니다. 기다리고 기다리다가 한 청년이 화가 나서 입을 열었습니다.

"현자여, 우리는 당신에게 인생의 비밀을 듣기 위해 생명의 위험을 무릅쓰고 먼 길을 달려왔습니다. 그런데 겨우 하시는 말씀이 '인생은 깊은 우물이다.' 이 한 마디뿐이십니까?"

그러자 지금까지 조용히 눈을 감고 있던 현자가 놀란 듯이 눈을 떴습니다. 그리고는 두 청년에게 이렇게 반문했습니다.

"그러면 인생은 깊은 우물이 아니란 말인가?"

이 이야기는 여기서 끝이 납니다. 인도에서 온 청년들이 이 현자로부터 더 이상 어떤 말을 들었는지는 모릅니다. 다만 이 이야기를 통해 우리는 철학이 추구하는 바가 무엇인지를 알 수 있습니다.

철학과 종교는 다 같이 진리를 추구한다는 공통점을 가지고 있습니다. 그러나 철학이 추구하는 진리는 '보편적 진리'인데 반해 종교가 추구하는 진리는 '절대적 진리'라는 점에서 차이가 있습니다.

철학은 티베트의 현자의 말과 같이 스스로 진리에 대한 갈망을 가지고, 스스로 진리의 우물을 파는 것입니다. 스스로 의문을 던지고, 스스로 고뇌하고, 스스로 답을 내려야 하는 것입니다.

물론 이러한 철학적 탐구의 결과가 자신에게 만족할만한 대답을 주지 못할 수도 있습니다. 그러나 그것은 철학의 속성상 당연한 일인지도 모릅니다. 왜냐하면 철학은 보편적 진리를 추구하지만 절대적 진리를 고

집하지 않기 때문입니다.

　철학은 인간이 던지는 궁극적인 질문들, 예컨대 '인간은 어디로 와서 어디로 가는가?' '인간은 왜 사는가?' '인간의 영혼은 불멸하는가?' '사후 세계는 존재하는가?' 등에 대해 아무런 확답을 내릴 수가 없습니다. 철학자들은 이러한 문제에 대해 끊임없이 질문을 던지고 탐구하지만 그들의 대답은 언제나 미궁인 채로 남아있습니다.

　인도의 두 청년들 역시 티베트의 현자에게 아무런 확실한 대답을 얻지 못하고 돌아갔을 것입니다. 물론 무엇인가 막연한 깨달음은 있었을 것입니다. 그러나 그것은 자신들이 던진 물음에 대한 확실한 대답은 아니었을 것입니다. 이게 철학의 한계이고, 경험의 한계이고, 지혜의 한계이고, 그리고 인간의 한계입니다.

　그러나 종교는 다릅니다. 특히 기독교는 이러한 인생의 모든 궁극적인 물음들에 대해 분명하고도 확실한 대답을 줍니다. "내가 곧 길이요, 진리요 생명"이라고 예수님은 분명히 말씀하셨습니다. "나는 부활이요 생명이니 나를 믿는 자는 죽어도 살겠고 무릇 살아서 믿는 자는 영원히 죽지 아니 하리니"라고 내세에 대한 분명한 소망을 주셨습니다. 인생에 대한 분명한 답을 알고 살아가는 것은 그리스도인에게 주어진 큰 축복 가운데 하나입니다.

Chapter 3

실존철학 이해하기

키르케고르의
미적 실존, 윤리적 실존, 종교적 실존

    19세기 덴마크의 실존주의 철학자 키르케고르(S. Kierkegaard)는 실존을 세 단계로 나누어 '미적 실존, 윤리적 실존, 종교적 실존'으로 구분하였습니다. 미적 실존이란 육체적 쾌락을 좇아 자신의 욕망대로 방탕한 삶을 살아가는 인간의 모습을 말합니다. 반면 윤리적 실존은 진지하고도 성실한 삶을 추구하며 도덕적인 삶을 살고자 하는 실존의 모습을 말합니다. 그리고 종교적 실존이란 신 앞에 단독자로 홀로 서서 영원한 진리를 대면하고 영원한 생명을 추구하는 실존의 참된 모습을 말합니다.

    이 가운데 특히 윤리적 실존에 대해 살펴보겠습니다. 키르케고르는 윤리적 실존이 갖는 여러 가지 특성들을 성실, 겸손, 진지함, 양심, 의무, 반복 등으로 표현합니다. 그런데 그는 이런 여러 가지 특성 가운데 특별히 '반복(Wiederholung)'에 주목합니다. 그는 반복이 갖는 의미를 이렇게 말합니다.

반복되는 일상 속에는 과거에 대한 후회도 미래에 대한 불안도 없다. 거기에는 순간의 복된 확실성이 있다. 미래에 대한 희망은 풀을 먹인 번득거리는 새 의복이다. 그러나 그것은 아직 입어보지 않았기에 몸에 잘 맞을는지 아무도 모른다. 과거에 대한 회상은 벗어 내어던진 의복이다. 그것은 아무리 아름다워도 이제는 작아져서 아무래도 몸에 어울리지 않는다.

그러나 반복은 몸에 딱 맞는 의복이다. 희망은 두 손 사이로 새어나간 귀여운 아가씨다. 회상은 아무래도 어울리지 않는 노부인이다. 반복은 언제까지나 싫증나지 않는 애처이다.

우리는 키르케고르가 반복에 대해 왜 이러한 가치를 부여했는지를 깊이 음미해 볼 필요가 있습니다. 우리의 삶은 무엇인가 새로운 것을 찾기 위해 애쓰고 노력합니다. 그러나 인생은 새로운 것만의 연속이 아닙니다. 새로움이란 매일 반복되는 일상성이 전제될 때에만 나타날 수 있는 것입니다.

일상적인 우리의 삶이 때로는 단조롭고 무의미한 것 같지만 일상적인 삶이야말로 새로운 것, 가치 있는 것이 나타나는 토대와 근원이 되는 것입니다. 그러므로 반복되는 일상성에 대한 성실한 태도는 윤리적 실존을 살아가는 자에게는 매우 소중한 가치가 됩니다. 키르케고르는 반복의 소중함을 이렇게 강조합니다.

희망은 우리를 유혹하는 과일이나 우리를 배부르게 하지는 않는다.
그러나 반복은 축복으로서 배를 채워주는 그날그날의 빵이다.

하루하루의 일상생활이 특별한 일들의 연속이기를 바라는 사람은 마치 과일로 그날의 배를 채우려는 사람과 같습니다. 과일이란 배가 부르고 난 다음에 필요한 눈요기에 지나지 않습니다. 그러니 그것으로 배를 채울 수 없는 것이지요.

반복되는 일상성의 가치를 인정하지 않는 사람은 언제나 허기진 배를 움켜잡고 별난 음식만을 찾아 나서는 사람과 다를 것이 없습니다. 반복을 승인하는 자, 반복 속에 참된 가치를 발견하는 자, 반복을 즐길 수 있는 자야말로 용기 있는 자요 행복한 자입니다.

성경은 우리에게 "해 아래 새로운 것이란 없다."(전도서 1:9)라고 말씀합니다. 그리고 "범사에 감사하라"(데살로니가전서 5:18)고 말씀합니다. 우리가 범사에 감사하지 못하는 것은 항상 새로운 것을 바라고 새로운 것을 얻을 때 감사하려고 하는 잘못된 생각 때문입니다. 만일 우리가 매일 반복되는 일상성에 가치를 부여하고 일상성을 소중하게 생각한다면 범사에 감사할 수 있습니다.

제이 데니스(J. Dennis)라는 설교자는 우리가 범사에 감사해야 할 이유를 이렇게 설명하고 있습니다.

난방비가 너무 많이 나왔다면 감사하십시오. 그것은 당신이 따뜻하게 살고 있다는 것을 말해줍니다.

많은 세금을 내야 한다면 감사하십시오. 그것은 당신에게 안정된 직장과 사업장이 있다는 말입니다.

몸무게가 늘어 옷이 맞지 않는다면 감사하십시오. 당신은 먹을 것이 넉넉한 인생을 살아온 것입니다.

당신의 집이 대청소가 필요하고 문고리와 창문을 갈아야 한다면 감사하십시오. 당신의 몸이 편히 쉴 집이 있다는 뜻입니다.

아침에 울리는 자명종 소리가 고통스럽게 들리거든 감사하십시오. 당신에게는 천금보다 귀중한 하루의 시간이 기다리고 있기 때문입니다.

하루해가 저물어 온몸이 나른하고 피곤하거든 감사하십시오. 당신은 오늘 하루를 열심히 산 것입니다.

어쩌면 우리 모두에게 오늘 하루가 어제와 같은 평범한 하루가 될지 모릅니다. 그리고 이번 한 주간도 지난주와 같은 평범한 한 주간이 될지도 모릅니다. 그러나 우리는 매일같이 반복되는 일상성을 가치 있고 소중하게 생각해야 합니다. 왜냐하면 새로운 것이란 바로 충실한 일상 속에서 태동되기 때문입니다. 반복을 소중하게 생각하는 이러한 삶의 태도를 통해 비로소 우리는 범사에 감사할 수 있게 되는 것입니다.

키르케고르의 신 앞에 홀로 선 단독자

　키르케고르는 철학자로서는 보기 드문 신실한 기독교 신앙인이었습니다. 그는 당시 세상 권력과 결탁하여 교회의 본질을 잃어버린 기성교회에 대해 준엄한 비판과 공격의 화살을 던졌습니다. 키르케고르는 참된 기독교 신앙을 원시 기독교 신앙 가운데서 찾고자 했습니다. 모든 형식적인 종교생활을 떠나서 예수님의 삶을 몸소 실천하는 자, 그의 가르침과 진리내용을 겸손히 따르는 자만이 신 앞에 단독자로서 설 수 있는 참된 그리스도인이 될 수 있다고 보았습니다.

　그러나 인간이 절대적인 신 앞에 단독자로서 설 수 있는 것은 쉬운 일이 아닙니다. 인간이 신 앞에 선다는 것은, 영원한 진리를 대면한다는 것은 누구에게나 가능한 일이 아닙니다. 자신의 삶에 대한 실존적 고뇌와 절망에 접해 보지 않은 자는 신 앞에 나설 수 없습니다. 그것은 위선이요 거짓입니다.

　키르케고르에 의하면 실존이 신과 대면하기 위해서는 일체의 것과 단절해야 합니다. 자신의 내부의 욕망과 세속적인 관심은 물론 불필요한 모든 인간관계까지도 단절해야 합니다. 이런 의미에서 기독교 신앙이란 세속적인 생활에 있어서의 몰락을 의미합니다. 세상에서 박해를 받고 십자가에서 피흘린 그리스도와의 관계를 맺는다는 것은 현실적인 삶에 있어서의 수난과 희생을 의미하는 것입니다.

신 앞에 선 실존은 '이것이냐 저것이냐'라는 양자택일 앞에 직면합니다. 그것은 몰락과 구원, 영원한 절망과 영원한 삶 사이에 있어서의 선택을 의미합니다. 이러한 선택 앞에 선 실존에게는 제3의 길이 보이지 않습니다. 오직 둘 가운데 어느 하나만을 선택해야 합니다.

기독교 신앙이란 엄밀히 말해 '객관적 불확실성'입니다. 신이 존재한다는 것, 신이 이 세계를 창조했다는 것, 무엇보다도 신이 현실세계 속에서 성육화(成肉化) 되었다는 것 등과 같은 기독교 신앙의 모든 진리 내용은 객관적으로 불확실성임에 틀림없습니다. 그것은 객관적으로 볼 때 부조리요 역설(paradox)입니다.

그러나 신앙이란 이러한 불확실성을 실존의 주체적 정열에 의해 받아들이는 것을 말합니다. 영원하고도 절대적인 진리를 갈망하는 실존의 내면적인 무한한 정열이, 객관적으로 불확실하기 짝이 없는 이 역설을 받아들일 것을 결단하는 것입니다. 그러므로 그것은 객관적으로는 불확실성이요 비진리이지만 그것을 받아들이는 자에게는 주체적 진리가 되는 것입니다.

주체적 진리란 그 진리에 무관심한 제 삼자가 객관적 진리의 잣대로 그 진리성 여부를 판단할 수 있는 것이 아닙니다. 오직 그 진리를 대면하는 실존의 주체적 의지와 용기와 결단만이 진리의 유일한 척도가 되는 것입니다. 그러므로 객관적 사고방법으로 기독교 신앙에 접근하는 사람은 이해 불가능한 역설 앞에 좌절할 수밖에 없습니다.

오직 참된 진리를 대면하기 위한 열망, 자신의 삶에 대한 절망과 몰락으로부터 벗어나려는 절박한 관심, 죄로부터의 자유와 구원을 성취하려는 간절한 소망, 신앙이란 이러한 자기체험으로 인해 부조리하고 역설적인 신앙내용을 받아들이는 것입니다. 이런 의미에서 키르케고르는 신앙을 일종의 모험이라고 봅니다.

키르케고르에 의하면 모험 없이는 신앙이 있을 수 없습니다. 신앙을 선택하는 것은 어떤 합리적인 동기에 있는 것이 아닙니다. 오히려 그것이 절대적 진리라면 그 진리를 위해 나의 전 생애를 바칠 수도 있다고 하는 진리에 대한 모험에 있습니다.

신을 승인하는 것은 이성이 아니라 가슴 속의 뜨거운 심정입니다. 이성에 의해 판단되는 신이 아니라 심정에 와 닿는 신, 실존의 주체적인 고뇌와 좌절 속에서 체험되는 신, 키르케고르가 대면하고자 했던 신은 바로 '신음하면서 구하는 자'만이 만날 수 있는 신입니다.

기독교 신앙은 이성적 인식에 있어서는 처음부터 역설이요 걸림돌입니다. 주체적 진리를 찾기 위한 실존의 내면적 정열은 영원한 진리가 인간의 유한한 이성 속에서만 머무를 수 없음을 간파하고 마침내 이성을 포기하는 결단을 내립니다.

이성의 부인(否認)이 반드시 우리를 비이성적인 것으로 인도하는 것만은 아닙니다. 우리의 이성은 때로는 이성이 해결할 수 없는 문제를 이성적 판단에 의해 초이성적인 것에 맡기기도 하는 데 그것이 곧 신앙입니다.

키르케고르에 있어서 신앙이란 신 앞에 선 인간의 절대적 유한성에 대한 좌절과 고백을 의미합니다. 실존이 끝까지 해소될 수 없는 절대적 역설 앞에서 자신의 유한성을 깨닫고 자신의 전 존재에 대해 좌절하고 보다 높은 세계로 비약하는 것이 곧 기독교 신앙입니다. 이러한 좌절과 비약을 통해 비로소 우리는 '죽음에 이르는 병'으로부터 벗어나 영원한 생명과 기쁨으로 나아갈 수 있는 것입니다.

빅터 프랭클의 로고테라피

《죽음의 수용소에서》라는 책을 써서 세계적으로 유명하게 된 오스트리아 출신 빅터 프랭클(V. Frankl) 박사는 의사인 동시에 정신분석학을 전공한 심리학자입니다. 그는 2차 세계대전 중 유대인이라는 이유 하나로 나치스에 의해 아우슈비츠 수용소에 3년 가까이 포로로 잡혀 있다가 끝까지 죽지 않고 살아남은 사람입니다.

그 후 그는 자신이 아우슈비츠 수용소에 있을 때의 경험을 토대로 하여 의미치료법(logotherapy)를 개발하여 프로이트의 정신분석학 못지않은 큰 반향을 불러일으켰으며 당시 최고의 유명한 정신과의사가 되었습니다.

포로수용소에서 프랭클 박사는 가스실에서 처형되는 사람들 외에도 하루에 수십 명씩 동물의 시체보다 더 처참하게 감방에서 죽어나가는 유대인들을 목격했습니다. 포로수용소의 끔찍한 상황을 그는 이렇게 말합니다.

아우슈비츠 수용소는 마치 지옥 그 자체와 같았다. 나는 1500명이나 되는 사람들과 함께 기껏해야 200명 정도밖에 들어갈 수 없는 가축우리 같은 건물에 구겨 넣어졌다. 바닥에 드러눕기는커녕 쭈그려 앉아 있을 만한 자리조차 없었다.

우리는 추위와 굶주림에 시달렸다. 나흘 동안 우리가 받은 식량이라고는 주먹만한 마른 빵 한 개가 전부였다. 살을 에는 듯한 추위였지만 우리가 입고 있는 옷이라고는 옷이라기보다 그냥 누더기 같은 천들이었다.

우리는 가진 것을 다 잃어버린 자들이었다. 우리가 가졌던 소유물은 물론 사랑하는 가족들, 아버지, 어머니, 형제들, 심지어 아내까지도 모두 수용소 감방 안에서 죽음을 맞거나 가스실로 보내졌다.

인간은 고사하고 가축보다 더 잔혹하게 다루는 나치대원들의 치를 떨게 하는 고함소리, 인간이 마지막으로 가질 수 있는 자존감 마저도 무참히 짓밟혀 버린데 대한 수모와 분노, 시시각각 다가오는 죽음에 대한 불안과 공포, 이러한 냉엄한 사실들이 수용소에 있는 우리들로 하여금 스스로 생명을 포기하게 하였다.

그런데 이러한 상황에서 프랭클 박사는 아주 신기한 현상 하나를 발견했습니다. 그것은 그렇게 죽어나가는 사람들을 보니까 비교적 건강하고, 똑똑하고, 요령이 좋은 사람들이 대부분 먼저 죽어나가더라는 것입니다.

반면 건강도 별로 좋지 않고, 어수룩하게 보이고, 시키는 대로 하는 사람들이, 그래서 언뜻 보면 저 사람은 며칠 못 살 것 같다고 생각했던 사람들이 오히려 끝까지 살아남더라는 것입니다. 그는 정신분석학자로서 이러한 사실들에 대해 세심한 관심을 가지고 지켜보았습니다.

뿐만 아니라 프랭클 박사는 또 하나의 아주 중요한 사실을 발견했습니다. 정신의학에 보면 '집행유예망상'이라는 의학용어가 있습니다. 사형선고를 받은 죄수가 처형 직전에 집행유예를 받을지도 모른다는 망상을 갖는다는 것에서 나온 말입니다. 사형수가 마지막 순간까지 갖는 실낱같은 희망을 말하는 것입니다.

그런데 이런 희망이, 정말 실낱같은 희망이 아우슈비츠 수용소에 있는 수감자들에게 삶과 죽음의 분수령이 된다는 것을 프랭클 박사가 발견한 것입니다. 그것은 바로 아우슈비츠라는 이 세상에서 가장 끔찍한 포로수용소 속에서도 '살아야겠다는 의지가 있는 사람', '자신은 살아야만 한다는 삶의 의미를 가진 사람'은 끝까지 살아남고, 반대로 '삶에 대한 의미를 상실한 자', '이렇게 살아서 무엇 하나?'라고 생각하고 '살고자 하는 의지를 포기한 자'는 그 수용소에서 오래 버티지 못하고 곧 죽어가더라는 것입니다.

그 한 예로 아우슈비츠 수용소에서 1944년 성탄절과 1945년 새해가 지난 열흘 남짓 사이, 수용자들의 사망률이 평소에 볼 수 없었던 추세로 급격히 증가했다는 것입니다. 그런데 그 원이이 이전보다 노역이 더 가혹해진 것도 아니고, 식량사정이 더 나빠진 것도 아니고, 그렇다고 날씨가 더 혹독하게 추워졌거나 새로운 전염병이 발생했기 때문도 아니었습니다.

 그 이유는 대부분의 수감자들이 성탄절이나 새해에는 전쟁이 종결되거나 포로들의 일부가 풀려날 것이라는 막연한 희망을 품고 있었는데 그런 희망이 물거품이 되었기 때문이었습니다. 이러한 절망감이 그들을 덮쳤고 그것이 실제로 그들 신체의 저항력을 떨어뜨려 결국 많은 사람들이 사망하기에 이르렀던 것입니다.

 그래서 프랭클 박사는 '나는 내 인생에서 더 이상 기대할 것이 없다.' '이제 나에게는 살아야 할 희망도, 목표도, 의미도 없다.' 이런 생각 자체가 그들을 죽음의 상황으로 몰아넣었다고 결론을 내린 것입니다.

 프랭클 박사는 아우슈비츠 수용소에서의 이런 체험을 바탕으로 인간을 '의미를 찾는 존재'로 규정하였습니다. 인간은 단순히 육체적 욕구를 충족시키며 살아가는 존재가 아니라 삶의 의미를 찾고 의미를 창조하며 살아가는 존재라고 본 것입니다.

 2차 세계대전이 끝난 후 빅터 프랭클 박사는 미국으로 건너가 정신과 의사가 되었습니다. 그는 아우슈비츠 수용소의 경험을 살려 자기가 개업한 정신병원에 찾아오는 환자들에게 약을 처방하고, 주사를 놔주고, 입원을 시키는 의료행위를 하기 이전에 환자가 스스로 자신의 삶의 의미를 알도록 해 환자가 스스로 '내가 빨리 이 병을 고쳐야 되겠다.'는 삶의 의지를 갖게 해서 많은 정신질환자를 고쳤다고 합니다.

 프랭클 박사는 '왜(why)' 살아야 하는지를 아는 사람은 '어떤(how)' 상황도 견디어 낼 수 있다고 확신합니다. 자신이 왜 살아야 하는지에 대한 삶의 의미를 아는 사람은 어떠한 어려움도 참고 견디어 낼 수 있다는 것입니다.

로고테라피 이론에서는 인간을 '의미를 추구하는 존재'로 규정하고 있습니다. 인간이 의미를 찾고자 하는 마음을 인간의 삶에서 근본적으로 우러나오는 원초적이고도 본능적인 욕구라고 본 것입니다.

인간은 자신이 추구하는 의미와 가치를 위해 살 수도, 죽을 수도 있는 존재라는 것입니다. 그래서 인간은 자신의 삶의 의미를 찾지 못할 때, 또는 자신의 삶의 의미를 상실할 때 삶을 포기하기에 이릅니다. 일반적으로 자살충동을 느끼는 것도 이런 이유에서입니다. 사람은 삶의 의미를 잃어버릴 때 자살충동을 느낀다는 것이지요.

로고테라피에서는 프로이트 정신분석학에서와는 달리 인간을 그저 충동과 욕구를 충족시키면서 쾌락이나 육체적 만족을 얻는 존재로 보지 않습니다. 그보다는 인간의 주된 관심사는 어떤 의미를 성취하는데 있다고 봅니다.

프랭클 박사는 삶의 의미를 상실한 '실존적 공허'나, 삶의 의미를 찾으려했으나 끝내 찾지 못한 '실존적 좌절'이 현대인에게 광범위하게 퍼져있는 정신적 질환이라고 보고 있습니다.

현대인에게 가장 보편적으로 볼 수 있는 정신질환인 우울증이 바로 실존적 공허 때문에 생기는 병입니다. 자신의 삶에 아무런 의미가 없다는 것을 깨닫게 되는 것, 이것이 곧 실존적 공허이고 우울증의 직접적인 원인이 된다는 것입니다. 그래서 현대인들에게 가장 중요한 것이 자신의 '삶의 의미 찾기'입니다.

상담의 대가 노먼 빈센트 필(N. V. Peale) 박사에게 한번은 사업에 실패한 52세가 된 남자가 찾아와 극도의 절망감에 사로잡힌 채 이렇게 말했습니다.

"저의 인생도 이제 끝장났습니다. 사업에 완전히 실패했습니다. 모든 것을 잃었습니다. 이제 남은 것은 죽음 밖에 뿐인 것 같습니다."

이 말을 듣고 필 박사는 이렇게 대답했습니다.

"방금 모든 것을 잃었다고 했습니까?"

"그렇습니다. 저는 절망적입니다. 모든 것을 다 잃었으니까요."

"그럼 우리 함께 이 종이 위에 당신에게 남아있는 것을 한 번 적어 봅시다." 하고 필 박사는 펜과 종이 한 장을 그에게 건네주었습니다.

"부인은 계십니까?"

"예, 좋은 아내이지요."

"그럼 종이 위에 좋은 아내라고 적으십시오."

"자녀들은 있습니까?"

"예, 귀여운 세 아이가 있습니다."

"이 종이에 귀여운 세 아이라고 쓰세요."

"친구는요?"

"예, 있습니다."

"당신의 건강은요?"

"예, 좋습니다."

이렇게 함께 계속해서 종이에 적어 나가다가 필 박사가 물었습니다.

"당신은 아까 모든 것을 잃었다고 했습니다. 그러나 당신이 잃은 것은 당신에게 사실은 별로 소중하지도 않은 재산만 잃었군요. 당신은 아직도 많은 것을 가지고 있지 않습니까?"

이 남자는 필 박사의 말에 무엇인가 한참을 생각하더니 "선생님 감사합니다."라는 말을 남기고 의자를 박차고 나갔다고 합니다.

우리가 가끔 인생에 실망하고 좌절 할 때, 곰곰이 생각해 보면 별로 중요하지도 않은 문제들로 인해 실망하고 포기할 때가 많습니다.

어떤 아이들은 학교 성적이 좋지 않다고 좌절합니다.

어떤 학생은 여자 친구가 자기를 싫어한다고 자포자기 합니다.

어떤 사람은 집안 형편이 가난하다고 절망합니다.

어떤 사람은 사업이 안 되어서, 어떤 사람은 얼굴이 못 생겨서, 어떤 사람은 건강이 좋지 못해서… 그래서 인생을 포기하고 실의에 빠져 있습니다. 내가 가진 것은 생각하지 않고, 나에게 없는 것만을 가지고 불평하고 절망합니다. 이것은 정말 어리석은 생각입니다.

이 세상에서 가장 소중한 것이 무엇이겠습니까? 특히 예수 그리스도를 믿는 그리스도인들에게 가장 소중한 것이 무엇입니까? 믿음 아닙니까? 구원 아닙니까? 영원한 천국 아닙니까? 하나님이 주시는 마음의 기쁨과 평강 아닙니까?

예수 그리스도를 믿는 자들이야말로 프랭클 박사가 말한 '삶의 의미'를 분명하게 소유하고 있는 자들입니다. 그리스도인들이야말로 하나님의 사랑과 천국의 소망으로 실존적 공허를 채우고도 남는 자들이라 하겠습니다.

허무주의를 극복한 니체의 허무주의

　일반적으로 운명론 또는 운명주의(fatalism)라 함은 이 세상에는 어떤 초자연적인 힘이 존재한다는 것을 인정하고 인간은 이러한 절대적인 힘에 의해 지배되고 있다는 사상을 말합니다. 따라서 운명주의에서는 인간의 자유의지를 부정하고 창조적인 것, 우연적인 것, 인위적(人爲的)인 것 등을 인정하지 않으며 오직 예정된 필연적인 운명이 이 세계와 인간을 지배하고 있다고 봅니다.

　고대 그리스인들은 대부분 이러한 운명론을 믿었던 자들입니다. 그들은 운명이라는 것을 인간의 지혜로는 파악할 수 없는 어떤 절대적인 힘, 거역할 수 없는 힘으로 파악하고 이러한 불가사의한 힘에 의해 인간과 세상의 모든 일들이 지배되고 있다고 믿었습니다.

　소포클레스의 비극《오이디푸스 왕》은 이와 같은 그리스인들의 운명관을 잘 묘사해 주고 있습니다.

비극의 영웅 오이디푸스가 그리스 도시국가 테베의 왕자로 태어날 때 불길한 신탁이 내려집니다. 그것은 "이 아이는 자기 아버지를 죽이고 어머니를 범한다."는 신탁이었습니다. 이 저주스러운 신탁으로 인해 오이디푸스는 테베의 궁전에서 자라지 못하고 버림을 받습니다. 오이디푸스의 부친인 테베왕 라이오스는 오이디푸스의 복사뼈에 쇠못을 박아 깊은 산중에 버립니다.

그런데 마침 이웃 국가 코린도의 한 목동이 이 아이를 발견하고 주워서 코린도 왕에게 갖다 줍니다. 이를 희귀하게 생각한 코린도의 왕은 오이디푸스를 왕궁에서 키우게 해 그는 코린도의 왕자로 자라나게 됩니다.

코린도의 왕자로 자란 오이디푸스가 청년이 되었을 때 우연한 기회에 자기가 태어날 때 자기에게 내려진 신탁을 알게 됩니다. 이로 인해 오이디푸스는 깊은 고뇌에 빠지게 되고 이 신탁을 피하기 위해 코린도 궁전을 빠져나와 이리저리 방황하게 됩니다.

그러던 중 그는 테베와 코린도 국경의 한 산 속을 헤매게 되는데 여기서 마침 사냥을 나온 자신의 부친인 테베 왕을 만나게 됩니다. 오이디푸스는 이 왕과 사소한 말다툼 끝에 결투를 하게 되고 결국은 왕이 자기의 부친인 줄도 모르고 그를 죽이고 맙니다.

당시 테베에는 스핑크스라는 괴물이 나타나 지나가는 사람들에게 수수께끼를 냅니다. "아침에는 네 발, 낮에는 두 발, 저녁에는 세 발로 걷는 것이 무엇인가?" 이렇게 묻고는 이 수수께끼를 알아내지 못하는 사람은 모두 깊은 산골짜기에 떨어뜨려 죽였습니다. 이때 오이디푸스가 그 수수께끼의 답을 사람이라고 알아맞히자 스핑크스는 스스로 산골짜기에 몸을 던져 죽게 됩니다.

이러한 사실이 알려지자 테베 사람들은 감사의 표시로 오이디푸스를 테베의 왕으로 추대하고 전왕(前王)의 왕비, 곧 실제로는 그의 어머니를 아내로 내줍니다. 오이디푸스는 이러한 사실도 모르고 자기 어머니와 결혼을 하고 4명의 자식까지 낳습니다.

　이러한 일이 있은 후 테베에서는 왕가에서 발생한 이와 같은 불륜으로 말미암아 나라 전역에 나쁜 전염병이 발생하여 수많은 사람들이 목숨을 잃게 됩니다. 오이디푸스는 이러한 원인이 결국 자기 자신에게 있었다는 사실을 알게 되자 자기의 두 눈을 빼고 어느 숲 속에서 죽게 되고 왕비도 자살하고 맙니다.

　이것이 고대 그리스인들이 가졌던 대표적인 운명관의 한 예입니다. 오이디푸스는 자기에게 내린 운명의 손길을 벗어나려고 발버둥 치다 끝내 운명의 그물에서 벗어나지 못하고 운명의 제물이 되고 만다는 내용입니다.

　그렇다면 과연 운명이란 실제로 존재하는 것일까요? 그래서 인간과 세계를 지배하는가요? 만일 인간이 운명의 절대적인 힘에 종속되어 있다면 인간의 자유의지, 인간의 창조적인 행위능력은 부정되어야 하는가요? 인간이 자유존재라는 것을 수정해야 하는가요?

　인간은 누구나 자기가 자신의 삶의 주체라는 것을 부인하지 않습니다. 인간은 결코 운명의 노예가 아닙니다. 자신의 자유로운 의사결정에 따라 자유롭게 행동하고 자유로운 삶을 살아가는 것입니다.

　그러나 인간의 삶은 반드시 자신의 주체적인 의사결정과 선택에 의해

서만 이루어지는 것은 아닙니다. 예를 들어

나는 내 부모를 선택할 수 없습니다.
나는 나의 성격과 재능, 나의 외모에 대해 의사결정권이 없습니다.
나는 내가 왜 지금, 여기에 태어났는지에 대해 아무런 대답을 내릴 수가 없습니다.
나에게 가장 소중한 나의 생명은 나의 의지적인 선택과 결정의 범위를 벗어나 있습니다.

나의 주체적인 의지의 선택과는 아무 상관없이 나의 삶은 어떤 시간, 어떤 공간에서 어느 부모와 더불어 시작됩니다. 내가 그것을 원하든 원하지 않든 나에게는 어떤 성격과 재능이 주어지고 내 얼굴의 모습과 신체적인 형질이 주어집니다. 뿐만 아니라 나는 내가 어찌할 수 없는 가정환경에서 자라나게 되고 어떤 일정한 사회의 제도와 틀 속에서 생활하게 됩니다. 물론 나는 내 생명의 주관자도 되지 못합니다. 내가 내 임의대로 내 생명을 조정할 수가 없기 때문입니다.
요컨대 모든 인간에게는 각각 자기에게만 주어진 일정한 인생의 몫이 있고 이러한 몫은 자기가 임의대로 선택할 수 있는 것이 아니라 필연적으로 주어지는 것입니다. 이와 같이 자신의 힘의 한계를 벗어나 일방적으로 부과되는 피할 수 없는 이러한 인생의 몫을 사람들은 운명이라고 합니다.

일반적으로 인간이 자신의 운명에 대해 취하는 태도는 두 가지입니다.

첫째는 운명의 복종자의 태도로서 운명에 마지못해 인종(忍從)하는 태도를 말합니다. 운명이라는 것을 피할 수 없는 숙명적인 것으로 보고 이 운명에 자기 자신을 맡겨 버리려는 체념의 태도를 말합니다.

둘째는 운명의 지배자의 태도로서 운명을 부정하고 이를 싸워 극복하려는 태도를 말합니다. 자신의 운명을 인정하지 않고 이와 투쟁하여 운명을 굴복시키거나 운명의 예외자가 되려는 태도가 그것입니다.

그러나 운명에 대한 니체의 태도는 이 둘 모두 아닙니다. 오히려 자신의 운명을 깊이 들여다보고 자신의 운명을 이해하고 애정을 가지고 받아들이고자 하는 태도입니다. 이와 같은 니체의 운명에 대한 태도가 운명애(運命愛) 곧 운명을 사랑하는 태도입니다. 운명에 대한 맹종도 아니요 운명에 대한 반항적인 투쟁도 아닌 자기의 운명을 사랑하는 태도입니다.

니체는 자신의 의지적 선택과는 관계없이 자신에게 필연적으로 주어진 자신의 운명에 대해 이를 수긍하고 깊이 이해하고 사랑해야 한다고 가르칩니다. 자신에게 필연적으로 주어진 것들이 결코 원망이나 불평의 대상이 되어서는 안 됩니다. 오히려 그것을 긍정하고 아름다운 것으로 받아들여야 합니다.

니체는 《즐거운 지식》에서 이와 같은 그의 운명애 사상을 다음과 같이 말합니다.

나는 사물에 있어서 필연적인 것을 아름다움으로 보는 것을 배우려고 한다. 이것이 앞으로 나의 사랑이어야 할 것이다. 그리고 언젠가는 모든 것에 대한 오직 하나의 긍정자(肯定者)가 되려고 한다.

이 세상이 슬픈가요? 그렇다면 그 슬픔을 긍정해야 합니다. 이 세상이 모순에 차 있는가요? 그렇다면 그 모순을 이해해야 합니다. 이 세상이 악하고 고통스러운가요? 그렇다면 그렇게 되지 않을 수 없는 필연성을 그 가운데서 통찰하고 그것을 이해하고 감내(堪耐)해야만 하는 것입니다.

영구회귀를 바라는 초인에게는 이 세상의 어떠한 것도 무가치한 것이라고는 없습니다. 아름다운 것, 선한 것, 자유로운 것, 요컨대 아폴론(Apollon)적인 것만을 사랑하는 것이 아니라 생의 밑바닥에 깔려있는 어두운 것, 부정적인 것, 무가치한 것, 즉 디오니소스(Dionysos)적인 것들까지도 초인은 사랑해야 합니다. 왜냐하면 생의 밑바닥에 깔린 이러한 디오니소스적인 요소들을 제거한다면 생의 표면에 나타나는 아폴론적인 밝은 측면 또한 자취를 감추고 말 것이기 때문입니다.

이 세계는 확실히 허무한 세계임이 틀림없습니다. 그러나 초인은 허무한 세계를 부정하지 않고 그대로 받아들입니다. 그리고 이렇게 외칩니다. "이것이 인생이더냐? 이것이 나의 운명이더냐? 좋다 그러면 다시 한번!" 이렇게 이 세계와 자신의 생을 크게 긍정하고 나서는 것이 곧 운명애의 태도입니다.

이러한 운명애의 태도에 이르러 니체의 생(生)에 대한 긍정은 절정에

달합니다. 니체는 허무주의자임에는 틀림없으나 우리가 말하는 단순한 허무주의자가 아닌, 허무주의를 극복한 최초의 완전한 허무주의자라고 할 수 있습니다.

Chapter 4

인생관, 세계관, 내세관의 문제

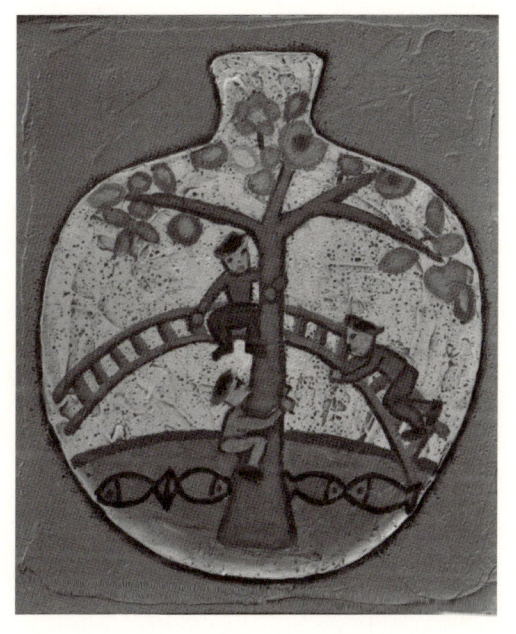

올바른 인생관과 세계관 확립하기

　혹시 철학을 왜 배우는지 생각해 본 적이 있습니까? 철학을 배우는 목적이 무엇이라고 생각하세요? 어떤 사람들은 철학에 대해 많은 오해를 하고 있는 것 같습니다. 철학을 '천하의 대세(大勢)나 인간의 운세(運勢)를 논하는 학문'이라고 생각하고 철학 교수인 나에게 자기의 관상이나 손금을 좀 봐 달라고 하는 사람이 있습니다. 그런가 하면 어떤 사람은 철학이란 '하늘의 뜬구름 잡는 이야기나 공리공론(空理空論)만을 일삼는 현실과는 동떨어진 학문'이라고 말하며 철학을 아예 쓸모없는 학문으로 매도해 버리는 자도 있습니다.

　물론 철학을 탐구하는 데에는 여러 가지 목적이 있고 철학자에 따라 그 대답이 다를 수가 있지만 보편적으로 말해 철학을 탐구하는 가장 중요한 목적은 인생관과 세계관을 확립하는 데 있습니다.

　인생관이란 간단히 말해 인간이 무엇인가에 대한 종합적이고 체계적인 견해를 말하며 세계관이란 이 세계와 우주가 어떤 존재인가에 대한 총체적인 견해를 말합니다.

　세상 지혜를 다 모아 놓았다는 유대교 경전인 탈무드에 이런 말이 있습니다.

　　세상에서 가장 지혜로운 자는? : 자기 자신을 아는 자이다.
　　세상에서 가장 부자는?　　　: 자기 소유에 만족하는 자이다.
　　세상에서 가장 강한 자는?　 : 자기 자신을 다스리는 자이다.

　그렇습니다. 세상 지식 다 통달했더라도 자기가 누구인지를 모르는 자는 어리석은 자입니다. 또 아무리 많은 재산을 가졌더라도 자기 소유에 만족하지 못하는 자는 부자라 할 수 없습니다. 그리고 이 세상을 지배하고 다스릴 능력을 가진 자라도 자신을 다스리지 못한다면, 즉 내가 내 마음, 내 감정, 내 의지 하나 다스리지 못한다면 그런 사람은 강한 자가 아니라는 말이지요.

　옛날 중국 《소부(笑府)》라는 책에 이런 이야기가 있습니다.

　　한 병졸이 죄를 범한 중을 관가로 호송하다가 밤이 되어 주막에서 하루 밤을 자고 가게 되었습니다. 이때 오랏줄에 묶여 있던 중이 꾀를 짜내었습니다. '오늘 밤에 이 병졸에게 술을 잔뜩 먹여 곯아떨어지게 한 후 도망을 쳐야겠다.'라고 마음속으로 생각했습니다.
　　그래서 주막에 들어서자마자 주모에게 이렇게 말했습니다. "주모, 오늘 저녁에는 주안상을 좀 잘 차려주시오."라고 부탁하고 자기를 호송하는 병졸에게는 이렇게 말했습니다. "나리, 죄인인 나를 호송하느라 먼 길에 얼마나 노고가 많으십니까? 오늘 만큼은 제가 나리께 푸짐하게 주안상을 올리겠으니 마음껏 드시고 여독을 푸십시오."라고 말하고는 병졸이 '곯아떨어질 때까지 술을 권했습니다.

밤늦게까지 기분 좋게 술을 마신 병졸이 드디어 정신을 못 차릴 정도로 술에 취해 깊은 잠에 빠졌습니다. 중은 바로 이때다 하고 병졸의 옷을 벗겨 자신이 입고, 자기의 옷을 벗어 병졸에게 입혔습니다. 그리고는 병졸의 머리를 박박 깎아버리고는 한밤중에 도망쳐버렸습니다.

다음날 아침 취기가 깨어난 병졸이 방안을 아무리 둘러봐도 중이 보이지 않았습니다. 그런데 자기 옷을 보니 승복이고 머리를 만져보니 맨 머리가 아니겠습니까? 병졸은 깜짝 놀라 크게 외쳤습니다. "이상하다, 중은 여기 있는데 나는 어디에 갔나?"

쓴웃음이 나오는 재미있는 이야기이지요. 그러나 《소부》에 나오는 이 이야기는 오늘날 자기 자신을 잃어버리고 살아가는 현대인의 모습을 잘 말해주고 있습니다.

흔히 현대를 자기상실(自己喪失)의 시대라고 합니다. 현대인들은 너무 바쁘고 복잡한 삶 속에서 정신없이 살다보니 자신의 참된 모습을 잃어버리고 살아간다는 것입니다.

현재 나의 이 모습이 진짜 진정한 나의 모습인가?
혹시 나는 내 자신의 실상(實相)을 바라보지 못하고 나의 허상(虛像)을 바라보며 자기기만(自己欺瞞)에 빠져있지는 않은가?

나는 내 자신을 객관화시켜 냉철하게 자신을 비판하고 반성하고 있는가?
나에게는 분명한 삶의 목적이 있는가?
나의 존재가치와 존재의미는 어디서 찾을 것인가?
나는 나의 인격, 나의 성품, 나의 능력에 대해 정확히 알고 있는가?

이런 질문들에 대한 올바른 대답을 얻고 자신의 올바른 인생관을 확립하는 것이 바로 철학의 목적입니다.
그러나 그리스도인이 자기 자신을 올바로 알기 위해서는 여기에 한 가지 질문을 덧붙여야 합니다. '하나님 앞에서 나는 누구인가?'라는 질문입니다. 내가 나를 아무리 객관화시켜서 정확히 평가하더라도 하나님이 나를 어떻게 평가하고 계시는지가 더 중요합니다. 그래서 하나님 앞에서 나는 어떤 존재인가, 라는 물음을 다시 진지하게 던져봐야 합니다. 그리스도인의 존재가치는 결국 하나님이 주신 구원의 은혜와 그의 사랑과 그의 축복을 통해 확인되기 때문입니다.

철학의 또 하나의 목적은 세계관을 확립하는 일입니다. 철학에서 세계라고 할 때의 세계란 존재전체, 즉 가장 넓은 의미에서 우주로서의 세계를 말합니다.
우리가 눈을 들어 시야를 광막한 대우주로 향했을 때, 지금까지 상식적으로 생각했던 것과 전혀 다른 오묘한 우주의 신비와 마주치게 됩니다. 적막한 어둠 속에서 빛나는 저 무수한 별들을 주의 깊게 응시해 보십시오. 수백억이 넘는 별들로 이루어진 은하계와 그런 은하계가 다시 수백억 개가 모여 형성된 대우주의 광막한 공간 속에서 마치 하나의 티끌과 같이 보이는 태양계는 무엇이며 그 속에서 하나의 점만도 못한 이 지구는 무엇인가에 대해 생각해 보십시오.

지구에서 가장 가까운 천체는 달입니다. 지구에서 달까지의 거리는 1초에 30만 km를 가는 빛의 속도, 즉 광속으로 1초면 갈 수 있는 거리입니다. 그런데 태양까지는 광속으로 8분가량 걸립니다. 태양이 달 보다는 약 480배 멀리 있는 것이지요. 또 지구의 지름이 광속으로 0.04초밖에 안 되는데 반해 태양계의 지름은 광속으로 4년 정도가 걸립니다. 그러니 태양계는 엄청나게 넓은 공간이지요.

그러나 이러한 태양계도 은하계와 비교하면 티끌과 같은 존재일 뿐입니다. 은하계의 지름은 10만 광년, 큰 은하계는 20만 광년에 이릅니다. 그러니 태양계는 은하계 안에서 하나의 점과 같은 크기이지요.

이런 은하계도 우리가 말하는 대우주(Universe)에 비하면 하나의 점과 같은 존재입니다. 왜냐하면 대우주의 지름은 약 150억 광년에 이르니까요. 10만 광년과 150억 광년을 한번 비교해 보면 은하계가 대우주 안에서는 얼마나 보잘 것 없는 작은 존재인가를 알 수 있지 않습니까?

우리가 초여름에 잘 볼 수 있는 사냥개자리라고 부르는 엽견좌는 지구에서 100만 광년의 거리에 있는 은하계입니다. 인간이 육안으로 볼 수 있는 가장 멀리 떨어져 있는 안드로메다 별자리는 지구에서 200만 광년의 거리에 있습니다. 지구에서 빛의 속도로 100만 년, 200만 년을 가야 도달할 수 있다고 하니 도대체 얼마나 멀리 떨어져 있는 것입니까?

그렇다면 이러한 대우주가 존재전체일까요? 아닙니다. 이러한 대우주도 지금까지 우주과학자들이 최첨단 전파망원경을 통해 아주 어렴풋이 파악한 대우주의 모습일 뿐입니다. 영국 그리니치 천문대나 미국 애팔래치아 산맥에 있는 미공군 우주사령부의 최첨단 망원경을 통해 천문학자들이 파악한 공간에 불과합니다.

그러면 우리가 부르는 대우주 밖에는 무엇이 존재할까요? 과학에서는 그러한 공간을 '무한의 세계'라고 부릅니다. 이 무한의 세계를 철학에서는 형이상학적 세계 또는 초월적인 세계라고 부릅니다. 이런 초월적인 세계에 대해 인간은 아무런 과학적 지식도 가지고 있지 않습니다. 왜냐하면 과학이 아무런 설명도 주지 못하기 때문입니다. 이 우주는 신비 자체입니다.

매년 알래스카의 수많은 시냇물에서는 연어 떼가 물살을 거슬러 상류로 떼 지어 올라갑니다. 귀소본능을 가진 이 연어들은 그들이 처음 부화된 곳을 찾아갑니다. 그리고 그곳에서 알을 낳고 죽습니다. 그러면 그 알들이 부화되어 자라서 다시 강줄기를 타고 태평양 바다로 갑니다. 그 넓은 태평양 바다 속에서 3~4년을 살다가 정확히 자기가 태어난 곳을 다시 찾아갑니다.

귀소본능에 따른 이러한 연어의 이동경로에 대해 과학이 설명할 수 있을까요? 아니면 그냥 우연이라고 하는 것이 옳을까요? 사실 그 이유를 우연에 돌린다는 것은 아무런 설명도 하지 않는 것과 같습니다. 그것보다는 차라리 이 세상 만물을 오묘하게 창조하고 다스리는 하나님의 섭리라고 보는 것이 더 지성적이지 않을까요?

사람의 혈관의 길이는 무려 10만 km에 달한다고 합니다. 부산에서 신의주까지 거리가 1,000km 정도인 것을 감안한다면 10만 km란 참으로 놀라운 길이가 아닙니까? 10만 km의 혈관을 한 줄로 편다면 4만 km가 되는 지구 둘레를 두 바퀴 반이나 감을 수 있습니다. 5척 단신밖에 되지 않는 내 몸속의 혈관의 길이가 이렇게 길다니 참 신비하지 않습니까? 하지만 심장에서 분출된 피가 온 몸을 돌아 심장으로 되돌아오는 데는 1분밖에 걸리지 않습니다.

2004년 4월 12일 뉴스위크지에 〈신체의 암호해독: 신의 영역을 넘보다〉라는 제목의 기사가 실렸습니다. 여섯 개 나라 약 천명의 연구원이 13년간 연구해서 발표한 논문 내용입니다. 천명의 연구원 가운데 이 프로젝트를 주도한 사람은 두 명인데 그 중 한 명의 이름이 프란시스 클린스(F. Clins) 박사입니다. 이 사람은 미국 국립게놈연구소 소장입니다.

그는 원래 무신론자였습니다. 그런데 이 프로젝트를 주도하며 인간의 DNA를 연구해가면서 그는 신을 믿게 되었습니다. 그는 DNA를 연구하면 할수록 그 신비로움에 이끌리어 도대체 신이 아니고는 이런 DNA를 누가 만들 수 있겠는가? 라는 생각이 들어 결국 신을 믿게 되고 독실한 기독교인이 되었습니다.

우리가 이 세계에 대한 이해를 시도할 때 하나님을 빼버리고는 어떤 설명이나 이해도 불가능합니다. 그래서 아인슈타인은 "나는 우주 속에서 하나님의 천지창조 흔적을 발견해 나가는 사람이다."라고 했습니다.

　인간도 세계도 신비 자체입니다. 인간과 세계에 대한 어떠한 설명도 창조자이신 하나님을 통하지 않고서는 근본적이고도 정확한 설명을 내릴 수가 없습니다. 이런 측면에서 볼 때 철학이 목표하는 올바른 인생관과 세계관을 확립하는 일은 결국 하나님 안에서, 하나님을 통해서만 가능한 일이라 하겠습니다.

철학과 종교를 통해 본 내세관

철학은 현상적인 문제보다 궁극적인 문제에 관심을 갖습니다. 특히 철학의 여러 분야 가운데 형이상학에서는 인간에 대한 다음과 같은 근본적이고 본질적인 물음을 던집니다.

첫째, 인간은 어디서 왔는가? 인간의 근원에 대한 물음입니다.
둘째, 인간은 왜 사는가? 인간의 존재의미에 대한 물음입니다.
셋째, 인간은 어디로 가는가? 인간의 종말에 대한 물음입니다.

이러한 물음에 대답을 얻기 위해 고대 소크라테스 이후 오늘에 이르기까지 수많은 철학자들이 고뇌하고 연구하여 나름대로 여러 가지 이론을 제시하고 대답을 주고 있습니다. 그러나 지금까지 어떤 철학자도 이러한 물음에 분명하고 명쾌한 대답을 내린 철학자는 없습니다.

철학의 핵심은 새로운 진리를 찾기 위해 부단히 의문을 던져나가는

데 있습니다. 존재의 신비를 보며 '왜 그럴까?'라고 의문을 제기하는 자체가 바로 철학하는 것입니다. "철학은 경이(驚異)로부터 시작한다. 그러나 철학적 사고가 최선을 다해도 역시 경이는 남는다." 현대철학자 화이트헤드가 한 이 말은 철학의 본질이 무엇인지에 대한 정확한 대답이라 하겠습니다.

그러면 앞에서 던진 인생의 근원적인 물음에 대한 대답은 어디서 구해야 할까요? 철학은 자기영역의 한계를 잘 알고 있습니다. 철학이 대답해야 할 영역이 어디까지인가의 한계를 잘 알고 있다는 거지요. 그래서 자기한계를 넘어서는 이러한 물음에 대해서는 그 대답을 종교의 영역으로 넘깁니다.

자, 그렇다면 종교에서는 이러한 물음들에 대해 어떻게 대답을 할까요? 먼저 불교를 살펴봅시다. 불교는 우리가 지금 살고 있는 이 세계가 궁극적인 실재와 일치한다고 믿는 일원론적인 종교입니다. 불교는 차안(此岸)의 세계를 초월한 피안(彼岸)의 세계를 인정하거나 현실의 세계를 떠난 내세의 세계를 추구하는 종교가 아닙니다.

불교에서 말하는 극락(極樂)이란 '지극한 즐거움'을 말하는데 그것은 바로 오랜 수행을 통하여 석가모니의 가르침을 깨닫는데서 오는 즐거움을 말합니다. 불교는 신의 구원을 바라는 종교가 아니라 인간이 자신의 힘에 의해 해탈을 이루고 부처가 되어가는 종교입니다. 이와 같은 불교의 철저한 현세주의적인 입장은 석가모니와 그의 제자 사이에 나눈 대화 속에 잘 드러나 있습니다.

어느 날 석가모니의 수제자 마룬 칸붓다가 석가모니에게 다음과 같은 질문을 던집니다.

"이 세계는 영원한 것입니까 아닙니까?"

"우리의 영혼은 신체와 동일한 것입니까 아닙니까?"

"중생은 죽은 후에 존재하는 것입니까 아닙니까?"

이와 같은 질문에 석가모니는 다음과 같이 대답했습니다.

"여기에 독이 있는 화살을 맞은 사람이 있다고 하자. 그리고 이 독화살을 맞은 사람이 독화살을 뽑아 달라고 이웃 사람에게 말했을 때 그 이웃 사람이 말하기를 '이 화살은 동에서 날아왔는가 서에서 날아왔는가?' '이 화살은 남자가 쏘았는가 여자가 쏘았는가?' '이 화살의 시촉은 구리로 만든 것인가 놋쇠로 만든 것인가?'라고 따져 묻는다면, 그리고 이 물음에 대한 답을 얻기 전에는 화살을 빼내 줄 수 없다고 한다면 독화살을 맞은 사람은 필경 죽고 말 것이다.

중생이 죽은 후에 존재한다거나 혹은 존재하지 않는다거나, 영혼이 신체와 동일하다거나 혹은 동일하지 않다거나, 이 세계가 영원한 것이거나 혹은 영원한 것이 아니거나 여기에 대한 어떠한 대답도 인간 세계에 있어서의 생, 노, 병, 사의 고통의 문제를 해결해 주지 못한다. 나는 현세에 있어서의 생, 노, 병, 사의 고통과 번뇌를 제거하기 위해서 법(法)을 설(說)하는 것이다."

이와 같은 석가모니의 말에서도 알 수 있듯이 불교는 이 세상에서 인간이 당하는 생, 노, 병, 사의 고통의 문제를 해결하는 것을 목적으로 삼는 철저히 현세지향적인 종교입니다. 죽음 이후의 내세를 추구하거나 어떤 절대적인 존재를 믿는 종교가 아닙니다. 그래서 불교는 앞에서 던진 '인간은 어디서 와서 어디로 가는가?'라는 물음에 대한 명쾌한 대답을 줄 수 없습니다.

입적하기 전에 남긴 한 고승의 시를 소개해 드리겠습니다. 이 열반시(涅槃詩)는 인간의 삶과 죽음에 대한 불교의 근본적인 사상을 잘 말해주고 있습니다.

생야일편 부운기(生也一片 浮雲起)
사야일편 부운멸(死也一片 浮雲滅)
부운자체 본무실(浮雲自體 本無實)
인생생사 역여연(人生生死 亦如然)

삶이란 한 조각 구름이 일어남이요.
죽음이란 한 조각 구름이 사라짐이다.
뜬구름 자체는 본래 실체가 없는 헛된 것이거늘
인생의 삶과 죽음도 이와 같구나.

불교의 인생관은 한마디로 "살아있을 때는 고해(苦海)요 죽었을 때는 무(無)다."라고 말할 수 있습니다. 불교는 인간이 현세에서 어떻게 살아야 하는지에 대해서는 좋은 가르침을 주고 있지만 죽음과 죽음 이후에 대해서는 침묵합니다. 그냥 '무'라고만 하니 그것은 기독교의 입장에서 보면 대답이 없는 것과 같습니다.

　비단 불교뿐만 아닙니다. 유교도 죽음과 내세에 대해 아무런 대답을 주지 못합니다. 어느 날 제자 자로가 공자에게 물었습니다.
"선생님, 사람이 죽어서는 어떻게 되는 것입니까?"
공자가 이렇게 대답했습니다.
"미지생 언지사야(未知生 焉知死也)" 즉 삶도 아직 모르겠거늘 죽음을 어떻게 알겠느냐, 라고 말했습니다.
　공자는 참으로 겸손한 사람이었음에 틀림없습니다. 자신이 모르는 것을 모른다고 정직하게 대답한 것입니다. 그렇습니다. 석가모니도 공자도 죽음과 내세에 대해 분명한 대답을 줄 수 없었던 것은 그들 모두가 위대한 성현이기는 하지만 인간이기 때문이었습니다. 인간이기에 그들은 죽음을 경험할 수 없었고 죽음을 경험하지 않았기에 죽음이 무엇인지, 죽음 이후의 내세가 어떠한지 알 수 없었던 것입니다. 그러나 기독교는 이와는 다릅니다.

　나이가 지긋한 어느 재벌 여회장이 미용실에서 머리를 하고 있었습니다. 그런데 그의 머리를 만지던 미용사가 갑자기 이렇게 말하는 것입니다. "회장님, 회장님도 예수 믿으세요! 교회 다니세요!" 뜻밖의 말을 들은 이 회장님은 겉으로는 "알았다."고 하고는 속으로는 이렇게 생각했습니다. '나는 회장이야! 예수 믿는 네가 나보다 나은 게 뭐가 있는데… 너나 잘 믿어!'

그런데 그 미용사는 머리를 할 때마다 '회장님, 예수 믿으세요!'라고 말하는 거예요. 그러자 이 여회장은 더 이상 참지 못하고 이렇게 말했습니다. "예수 믿어서 좋은 게 뭔데?" 그리고 미용사가 이것저것 말하면 '나 그런 것 다 있어.' 이렇게 말하려고 작정하고 있었습니다.

그런데 회장님의 말을 듣고 미용사가 즉각 하는 말이 "회장님, 예수 믿으면 죽음의 문제가 해결됩니다!" 이렇게 말하는 거예요. 그 말을 듣는 순간 회장님은 너무나 놀랐습니다. 왜냐하면 그게 바로 자기가 가지고 있었던 유일한 문제였기 때문입니다.

자기는 지금 이 세상에서 부족한 게 없고 부러울 것이 없었지만 죽음만 생각하면 답답하고 두려웠습니다. '이것을 해결할 방법이 없나?' '돈으로도 안 되고…' 아무리 고민을 해봐도 방법이 없었습니다. 그런데 이 미용사가 '예수 믿으면 죽음의 문제가 해결된다.'고 하는 그 말에 '그래? 그럼 한번 가보자' 그렇게 생각하고 미용사를 따라 교회에 나갔습니다. 그리고 복음을 듣고 예수를 믿게 되었고 '영생의 길', '구원의 길'을 알게 되었습니다. 죽음의 문제가 해결된 것입니다.

성경을 믿고 안 믿고는 각자 자유이지만 성경은 죽음과 죽음 이후의 내세에 관해 분명히, 아주 명쾌하게 말씀하고 있습니다.

시편에는 "주께서 사람을 티끌로 돌아가게 하시고 말씀하시기를 너의 인생들은 돌아가라 하셨사오니"(90:3)라고 기록되어 있고, 히브리서에는 "한번 죽는 것은 사람에게 정해진 것이요 그 후에는 심판이 있으리라"(9:27)라고 기록되어 있으며 마태복음에는 "내 아버지께 복 받을 자들이여, 나아와 창세로부터 너희를 위하여 예비 된 나라를 상속받으라."(25:34)라고 기록되어 있습니다.

세상 어떤 철학이나 어떤 종교에서도 들을 수 없는 얼마나 분명하고 확실한 대답입니까?

내세를 믿는 사람과 믿지 않는 사람은 이 세상을 살아가는 태도에 있어서 확연히 다릅니다. 그들의 인생관(人生觀)과 세계관(世界觀)이 다릅니다. 다를 수밖에 없습니다.

내세를 믿지 않는 사람은 인생이란 한번 살다 죽으면 그만이라고 생각합니다. 그래서 그들은 이 세상에서의 쾌락과 부와 명예를 얻기 위해 안달을 합니다. 이 세상의 삶이 전부이기 때문에 세속적인 탐욕만이 마음속에 가득합니다. 그들은 죽음이란 모든 것의 끝이요 절망일 뿐이라고 생각합니다.

그러나 내세에 대한 확신과 믿음이 있는 사람은 현재의 세속적인 것만을 좇아 살지는 않습니다. 이 땅 위에서의 삶이 좀 부족하더라도 내세에 대한 소망을 가지고 현실의 어려움을 이겨내며 살아갑니다. 내세에 대한 믿음이 이 땅 위에서 진실한 삶을 살아가게 하는 것입니다.

실존철학에서는 "어떻게 죽어야 할지를 아는 사람은 어떻게 살아야 할지를 알게 된다."고 말합니다. 죽음의 문제를 현실적인 삶의 문제로 다루고 있는 것이지요. 죽음에 대한 인식을 통해 '삶의 의미와 가치' '삶의 우선순위' '삶의 궁극 목적' 등에 대해 다시 한 번 생각해보게 되기 때문입니다.

그렇습니다. 죽음은 삶의 결론입니다. 죽음에 대한 성찰을 통해 '어떻게 살 것인가'라는 질문에 대한 대답을 얻게 되는 것입니다. 그러므로 그 결론을 이미 알고 있는 사람은 그렇지 못한 사람과는 이 세상을 살아가는 자세와 방식이 다를 것입니다. 죽음에 대한 올바른 인식과 내세에 대한 확실한 믿음은 우리로 하여금 이 세상에서의 헛된 욕망과 탐욕, 미움과 증오, 거짓과 위선으로부터 벗어나게 해 줄 것입니다. 왜냐하면 죽음 앞에서 이 모든 것들은 천국에서의 영원한 생명에 이르는데 걸림돌이 되기 때문입니다.

내세관의 문제는 단순히 죽음과 내세를 어떻게 받아들이느냐의 문제만이 아니라 현재 우리가 이 세상을 어떻게 살아갈 것인가에 대한 답을 주기도 합니다.

쇼펜하우어의 비관주의 인생관

독일의 철학자 쇼펜하우어(A. Schopenhauer)는 칸트나 헤겔과는 달리 인간의 본질을 이성이 아니라 욕망이라고 보았습니다. 인간은 욕망의 덩어리입니다. 모든 사람에게는 식욕, 성욕, 수면욕, 명예욕, 소유욕, 권력욕 등과 같은 욕망이 있습니다. 이 외에도 남에게 인정받고 싶은 욕망, 성공하려는 욕망, 누군가를 사랑하려는 욕망, 사랑 받으려는 욕망 등 인간은 무수한 욕망을 가지고 살아갑니다.

인간의 마음을 움직이게 하고 인간 행위를 유발하는 인자(因子)는 욕망입니다. 인간의 삶을 지탱해 주는 것이 바로 이 욕망들입니다. 그러므로 욕망 없는 인간은 더 이상 인간이 아니며 욕망 없는 삶은 이미 삶을 포기한 것과도 같습니다.

그런데 인간의 욕망은 한계를 모르고 끊임없이 분출되어 누구도 욕망의 충족을 통해서는 진정한 행복에 도달할 수 없다는 것이 쇼펜하우어의 생각입니다. 무한한 인간의 욕망 앞에 그 성취는 언제나 제한되어 있습니다. 충족된 한 가지 욕망에 대해 충족되지 못한 열 가지 욕망이 남아 있게 됩니다. 그리고 이 충족되지 못한 욕망들이 늘 인간을 고통과 불행 속에 빠지게 합니다.

욕망이 지니는 역설적인 성격에 대해 독일의 철학자 헤겔(G. W. F. Hegel)은 이렇게 말합니다. "인간의 욕망은 충족보다 늘 한 발 앞서간다. 충족이 한 발짝 전진하는 동안 욕망은 두 발짝 앞서간다. 이 잡히지 않는 욕망과 충족의 술래잡기가 인간에게 떨어진 운명의 저주이다." 정신분석학자 프로이트(S. Freud)는 "인간의 욕망을 충족시키는 유일한 대상은 죽음뿐이다."라고 말하며 인간이 가지는 욕망의 끝은 신기루처럼 허망한 것이라고 분석합니다.

이렇게 볼 때 과연 인간의 불행의 근원은 욕망에 있다고 할 수 있습니다. 뿐만 아니라 현대사회의 온갖 모순과 비리와 고통과 죄악의 뿌리도 욕망에 기인한다고 할 수 있습니다. 더구나 인간의 과도한 욕망이 자본주의라는 사회체제와 맞물려 현대사회의 비극의 온상이 되고 있다는 것을 우리는 심각하게 생각해야 합니다.

'국가별 행복지수'라는 것이 있습니다. 영국에 있는 신경제재단(NEF)에서 전 세계 143개국을 대상으로 기대수명, 삶의 만족도, 환경오염지표 등을 평가해서 발표하는 것인데 2010년 행복지수 1위는 코스타리카였고 2위는 도미니카 공화국, 그 다음으로 자메이카, 과테말라가 뒤를 이었습니다.

10위권 안의 나라들을 보니 남아메리카에 있는 나라들이 많은 것이 특징입니다. 남미 사람 특유의 낙천적인 기질과 비교적 잘 보존된 자연환경 같은 것이 행복지수를 높이는데 기여한 것 같습니다.

우리나라는 68위, 영국은 74위, 일본은 75위입니다. 이 결과를 보면 행복은 소득수준 순이 아니라는 것을 알 수 있습니다. 작년 발표에서 많은 사람들의 입에 회자(膾炙)된 나라가 있는데 '부탄'이라는 나라입니다. 인도 북부 히말라야 자락에 있는 작은 나라입니다. 이 나라는 최근 10년 동안 항상 10위 안에 들었던 나라인데 2010년에 17위로 떨어졌습니다. 그 이유를 분석해 보았더니 참 재미있습니다. 당시 부탄은 국민소득이 5천 달러가 넘어 각 가정에 TV가 많이 보급되었는데 그로 인해 사람들이 원하는 게 점점 많아져서 행복지수가 낮아졌다고 합니다.

TV를 통해 부탄 국민들의 욕구가 늘어나고, 그 욕구에 비례하는 만큼 소유가 주어지지 않았기 때문에 결국 그들의 행복지수가 하락한 것입니다. 이 사례는 왜 현대인들이 행복하지 않은가를 잘 설명해 주고 있습니다.

그렇다면 지칠 줄 모르게 분출하는 우리의 욕망을 다스릴 수 있는 방법은 무엇이겠습니까? 많은 사람들은 자신의 이성이 욕망을 다스릴 수 있다고 말합니다. 그러나 그것은 쉽지 않습니다. 왜냐하면 쇼펜하우어가 지적한 대로 욕망이 이성보다 더 원초적이고도 강렬한 힘을 가지기 때문입니다. 욕망의 제어를 이성에 맡긴다면 아마 열에 아홉은 실패할 것입니다.

한 시인은 이렇게 말합니다. "비워라. 비움이 곧 채움이다. 버림의 지혜를 익혀라. 새는 둥지를 버려야 하늘로 날아오를 수 있다. 꽃은 스스로를 버려야 열매를 얻을 수 있다. 강물은 자신을 버려야 바다에 닿을 수 있다. 나를 버리면 세상은 전부 내 것이 된다. 구름이 무한히 자유로운 것은 자신을 무한한 허공에다 내버렸기 때문이다. 오직 버릴 줄 아는 자만이 진정한 자유를 누릴 수 있다는 것을."

비움이란 아무것도 갖지 않는다는 말이 아닙니다. 불필요한 욕망을 내 안에서 말끔히 씻어내라는 말입니다. 장자도 "바르게 살아가려면 한 발자국 앞에서 멎는 게 옳다."고 했습니다. 욕심을 다 채우려 하지 말고 약간 모자라고 아쉬운 듯한 상태에서 멈추는 마음으로 살아가라는 말입니다. 우리는 항상 한 발자국 앞에서 멈추기가 어려워 한 발자국을 더 내디딤으로써 그만 벼랑 아래로 떨어져버리는 경우가 많습니다.

실존주의 철학자 사르트르(J. P. Sartre)는 인간의 이러한 본성을 당나귀와 수레에 비유해 설명했습니다. 과거 유럽에서는 수레를 끄는 당나귀의 코앞에 당근을 매달아 두곤 했습니다. 코앞에 매달린 당근 때문에 당나귀는 빠르게 달렸습니다. 이 가련한 당나귀는 자기가 빨리 달리면 당근을 먹을 수 있으리라고 생각했겠지요. 그러나 당근은 언제나 그 자리에, 그 가엾은 당나귀의 코앞에 매달려 있을 뿐입니다. 당나귀는 결코 자신의 코앞에 있는 당근을 따라 잡을 수 없었습니다.

인간은 언제나 바로 앞에, 손을 뻗으면 잡을 수 있을 것 같은 욕망을 바라보며 열심히 달리고 또 달려갑니다. 그러나 힘이 쇠잔할 때까지 달려보지만 최종적인 만족은 어디에도 없습니다. 이것이 인간의 욕망이요, 이것이 인간의 삶의 방식입니다.

그래서 우리는 성경말씀으로 돌아갈 수밖에 없습니다. 빌립보서는 다음과 같이 말합니다. "어떠한 형편에든지 나는 자족하기를 배웠노니, 나는 비천에 처할 줄도 알고 풍부에 처할 줄도 알아 모든 일, 곧 배부름과 배고픔과 풍부와 비천에도 처할 줄 아는 일체의 비결을 배웠노라." 라고 말씀합니다.

욕망을 이기는 방법 가운데 하나는 '자족'하는 지혜를 가지는데 있습니다. 모든 것이 하나님의 은혜임을 깨닫고 주신 은혜에 감사하는 것이 곧 자족하는 마음입니다. 만일 어떤 형편에 있든지 자족할 수만 있다면 우리는 불필요한 욕망들을 제어할 수 있을 것입니다.

욕망을 이기는 또 하나의 방법은 성령의 아홉 가지 열매 가운데 절제의 열매를 맺는 데 있습니다. 갈라디아서는 "그리스도 예수의 사람들은 육체와 함께 그 정욕과 탐심을 십자가에 못 박았느니라."라고 말씀합니다. 내가 그리스도의 사람이기에 내 속에 있는 욕망이 바라는 것들을 헛된 것이라고 버리는 것이지요. 십자가에 못 박는 것이지요. 물론 쉬운 일은 아닙니다. 어쩌면 그리스도인들에게 가장 힘든 일 가운데 하나일 것입니다. 그러나 이 방법 이외에 다른 마땅한 방법이 없기에 우리는 그렇게 해야만 합니다. 성경의 가르침은 언제나 우리에게 정답을 주는 것 같습니다.

Chapter 5

우리가 바라는 정의로운 사회

정의로운 사회와 빈부 격차 문제

하버드대학교 철학교수인 마이클 샌델(M. Sandel)은 그의 저서 《정의란 무엇인가》에서 오늘날 미국 사회에서 빈부 격차가 점점 더 심화되고 이것이 중요한 정치담론이 되고 있음을 이렇게 설명하고 있습니다.

미국 내 빈부격차는 최근 10~20년 사이에 점점 커지더니 급기야 1930년대 이후 한 번도 나타나지 않은 수준까지 이르렀다. 소득과 부의 공정한 분배는 1970년대부터 지금까지 정치철학의 중심 논쟁이었다.
　미국인의 삶에서 불평등의 심화를 걱정하는 중요한 이유는 빈부격차가 지나치면 민주시민사회에 요구되는 연대의식을 약화시킨다는 사실이다. 불평등이 깊어질수록 부자와 가난한 자의 삶은 점점 더 괴리된다.

오늘날 자본주의 사회가 안고 있는 부익부 빈익빈 현상은 우리나라 미국뿐만 아니라 전 세계 모든 나라에서 심각한 정치 사회적인 문제가 되고 있습니다.

세계 모든 사람들이 부러워하는 미국도 빈부격차를 나타내는 지니(Gini)계수가 우리보다 높습니다. 우리나라가 0.31인데 반해 미국은 0.47입니다. 지니계수는 1에 가까울수록 빈부격차가 큼을 말해줍니다. 중국이나 남미, 그리고 중동 국가들의 지니계수가 우리나라 미국보다 높은 것은 말할 것도 없습니다.

유엔개발계획의 2007~8년 자료에 따르면 한국의 경우 상위 20%의 소득이 하위 20%보다 4.7배 많았습니다. 그러나 2012년에 와서는 이보다 훨씬 큰 격차를 보여 13배 많은 것으로 나타났습니다. 미국은 1965년만 해도 최고경영자의 소득은 평사원의 평균 5배 정도였습니다. 그러나 지금은 많게는 300배입니다.

왜 이와 같은 빈부의 격차가 날로, 그것도 급격히 심화되어가는 것일까요? 인간의 끝없는 이기적인 탐욕 때문인가요? 아니면 자본주의 경제체제의 모순 때문인가요?

우리가 잘 아는 영성신학자 리처드 포스트(R. Foster)도 인간의 이기심과 경쟁이 현대사회를 불평등 사회로 병들게 하고 있다고 보고 이렇게 비판했습니다.

> 현대문화는 소유욕으로 병들어 있다. 행복한 삶이란 부의 축적에 있고 그래서 '많으면 많을수록 좋다'는 터무니없는 말이 진실처럼 여겨진다. 그 결과 현대사회에서 부에 대한 욕심은 삶의 진실과는 동떨어진 정신질환이 되고 말았다. 뿐만 아니라 현대사회의 속도는 우리의 단절감

과 소외감을 가중시킨다. 우리는 숨 막히는 긴장 속에 허둥대며 살아간
다. 살벌한 경쟁에 탈출구란 없어 보인다.

이런 이유로 우리는 인간의 이기심과 탐욕에 대해, 그리고 무한경쟁
을 불러오는 자본주의 경제체제에 대해 주의 깊게 살펴볼 필요가 있습
니다. 그리고 정의의 문제, 평등의 문제, 부익부 빈익빈의 문제에 대해
좀 더 진지하고도 철학적인 고찰이 있어야 하겠습니다.

오늘날 우리 시대를 가리켜 흔히 '헝그리 시대'가 아닌 '앵그리 시대'
라고 합니다. 배고픈 사회가 아닌 성난 사회라는 것입니다. 우리 사회
가 1960, 70년대의 가난을 벗어나 1인당 국민소득이 3만 달러에 육박
하지만 부익부 빈익빈이라는 사회적 불평등이 국민을 화나게 한 것입니
다.
현대인의 불행은 내가 갖지 못해 불행한 것이 아닙니다. 남이 나보다
더 가진 것이 불행한 것입니다. 항상 남과 비교하며 느끼는 상대적 박
탈감이 나를 불행하게 만드는 것입니다.
오늘날 우리나라는 세계인의 부러움을 사는 일들로 넘쳐납니다.
OECD에 가입된 것을 시작으로 해서 G20 의장국가, 세계 10권의 경제
대국, 올림픽 5위권의 스포츠 강국, 세계를 휩쓰는 한류문화 등 세계
가 놀라고 우리를 부러워하고 있습니다. 그리고 2013년에는 국민소득
2만 불, 인구 5천만 명 이상 나라인 20-50클럽에 가입했습니다. 세계
에서 일곱 번째입니다. 우리보다 앞선 나라들은 미국, 영국, 프랑스, 독

일, 이탈리아, 일본인데 모두 선진 강국들입니다. 정말 가슴 뿌듯한 일이 아닐 수 없습니다.

그러나 우리 국민은 이러한 객관적인 놀라운 사실에도 불구하고 여전히 불행하고 불만족스럽다고 합니다. 2012년 통계청 자료에 의하면 우리나라 국민 가운데 자신의 소득에 만족하는 사람은 10%가 채 안 되고 자신이 중산층이라고 생각하는 사람도 30%가 안 됩니다. 반면 소득분배 측면에서 불공평하다는 사람은 77%에 달합니다.

이와 같은 자료들에 대해 우리는 어떻게 생각해야 할까요? 우리 사회의 불평등의 문제는 어느 정도 심각한 것일까요? 우리는 각자 자신의 소득에 만족하고 있는가요? 아니면 우리 사회의 소득분배가 매우 불공평하고 그래서 우리 사회는 아직도 정의로운 사회가 아니라고 생각하는가요?

우리나라의 사회적 불평등과 빈부격차의 문제는 1997년 외환위기를 기점으로 심화되었으며 2008년 미국의 금융위기 사건으로 골이 더 깊어졌습니다. 그러나 이런 문제는 비단 우리나라의 문제만이 아닌 세계적인 현상입니다.

자본주의와 자유시장 경제원리를 가장 철저하게 신봉하던 미국에서조차도 빈부격차로 인한 사회의 양극화 현상을 가장 해결하기 어려운 난제 가운데 하나로 보고 있습니다. 그래서 정치 경제학자는 물론 철학자나 윤리학자도 다투어 사회정의에 대해 나름대로의 해결방안들을 쏟아내고 있습니다.

존스 홉킨스대학의 프란시스 후쿠야마(F. Fukuyama) 교수는 현대인을 가리켜 물질적 풍요에 도취되어 자신의 욕망만을 채워나가는 '자본주의적 욕망기계'라는 말로 표현했습니다. 그는 대표적인 저서 《트러스트(Trust)》에서 다음과 같이 말합니다.

오늘날의 정치의 문제는 경제의 문제이고 경제의 문제는 문화의 문제이며 문화의 문제는 도덕의 문제이다. 따라서 도덕의 문제가 해결되지 않고는 문화의 문제가 해결될 수 없고 문화의 문제가 해결되지 않고는 경제의 문제가 해결될 수 없으며 경제의 문제가 해결되지 않고는 정치의 문제가 해결될 수 없다.

그는 이 책에서 신뢰는 자본, 토지, 노동력에 못지않은 중요한 경제적 가치라고 봤습니다. 경제가 발전하려면 사회적 불신비용을 줄이는 일이 시급하기 때문입니다. 신뢰는 경제적 도약의 기초가 될 뿐만 아니라 사회적 삶의 모든 국면에 결정적 영향을 미칩니다. 그래서 신뢰는 다른 어떤 요인보다 더 중요한 사회적 자본(social capital)이 된다고 보았습니다. 우리가 흔히 이야기 하는 선진사회란 고신뢰사회를 말하며, 후진사회는 저신뢰사회를 말한다고 할 수 있습니다.

이제 사회적 불평등이나 부익부 빈익빈의 문제는 단순히 경제적인 문제나 정치 사회적인 문제만이 아닌 것을 알아야 합니다. 이 문제는 철학적인 문제요, 윤리적인 문제요, 인간 본성의 문제이기도 합니다.

우리나라 국민은 유별나게 평등의식이 강합니다. '사촌이 땅을 사면 배가 아프다.'는 옛 속담에서, 그리고 '배고픈 것은 참아도 배 아픈 것은 못 참는다.'는 오늘날의 유행어에서 한국인의 평등주의 심성을 볼 수 있습니다. 한국인의 마음속에는 남에게 기죽지 않고 살려는 오기가 있습니다. 어렸을 때 뜀박질을 하다가 자신이 뒤처지면 "앞에 가는 도둑놈 뒤에 가는 순사"라고 소리 지르던 기억이 납니다. 이것이 한국인의 모습입니다. 옆집 아이가 유학을 가면 기러기 아빠가 되든, 펭귄 아빠가 되든 우리 아이도 유학을 보내야 직성이 풀립니다.

전문가의 권위가 인정받지 못하는 것도 한국 사회의 한 특성이라고 합니다. '너는 별거냐?'라는 심리가 남의 지식이나 경륜을 인정하려 들지 않는다는 겁니다.

이런 오기는 자칫 모든 사람은 결과적으로 평등해야 한다는 잘못된 평등의식에 빠지게 할 수 있습니다. 오기에서 나오는 억지와 시샘이 사회정의라는 옷을 입고 남이 쌓아올린 능력이나 노력까지도 부당하게 만드는 잘못된 평등주의에 빠지게 하는 것입니다.

사회정의에 대해 성경은 우리에게 많은 것을 가르쳐주고 있습니다. 특히 구약성경 신명기는 안식년과 구제에 관한 규례를 통해 이 문제를 아주 구체적으로 말씀하고 있습니다.

"매 칠년 끝에 면제하라. 면제의 규례는 이러하니라. 그의 이웃에게 꾸어준 모든 채주는 그것을 면제하고 그의 이웃에게나 그 형제에게 독촉하지 말지니 이는 여호와를 위하여 면제를 선포하였음이라."(15:1-2).

"네 하나님 여호와께서 네게 주신 땅 어느 성읍에서든지 가난한 형제가 너와 함께 거주하거든 그 가난한 형제에게 네 마음을 완악하게 하지 말며 네 손을 움켜 쥐지 말고 반드시 네 손을 그에게 펴서 그에게 필요한 대로 쓸 것을 넉넉히 꾸어주라."(15:7-8).

"매 삼 년 끝에 그 해 소산의 십분의 일을 다 내어 네 성읍에 저축하여 너희 중에 분깃이나 기업이 없는 레위인과 네 성중에 거류하는 객과 및 고아와 과부들이 와서 먹고 배부르게 하라. 그리하면 네 하나님 여호와께서 네 손으로 하는 범사에 네게 복을 주시리라."(14:28-29).

모두 신명기에 나오는 말씀입니다. 이러한 말씀이 B.C. 15세기경에 이스라엘 민족에게 주어졌다는 것은 참으로 놀라운 일입니다. 오늘날 우리 사회의 불평등 문제나 부익부 빈익빈의 문제는 어떤 제도나 법규로도 해결할 수 없는 문제입니다. 만일 해결할 수 있었다면 오늘날 세계 모든 나라들이 이 문제를 놓고 이렇게 심한 갈등을 겪지는 않았을 것입니다.

우리는 이 문제의 해답을 성경에서 찾아야 합니다. 신명기 말씀 속에는 정의롭고 평등한 사회를 추구하는 근본적인 정신이 담겨져 있습니다. 있는 자가 가난하고 소외된 자, 곧 나그네와 고아와 과부에게 어떻게 해야 하는지에 대한 분명한 지침이 기록되어 있습니다.

인간의 지혜로 해결되지 않는 문제는 하나님의 지혜를 빌려야 합니다. 왜냐하면 하나님의 어리석음이 사람보다 지혜롭고, 하나님의 약한 것이 사람보다 강하기 때문입니다.

라인홀드 니버의 개인윤리와 사회윤리

　현대 미국의 신학자요 윤리학자인 라인홀드 니버(R. Niebuhr)는 오늘날 현대사회가 왜 이렇게 악하고 부패하고 정의롭지 못한 사회가 되었는가에 대한 근본적인 원인을 규명해 보고자 했습니다. 그는 먼저 다음과 같은 두 개의 질문을 던집니다.
　"사회가 악하고 부패함으로 인해 그 사회 속에서 살아가는 인간도 부패하고 악하게 되었는가?"라는 물음이고 또 하나는,
　"인간이 악하고 부패함으로 인해 우리 사회가 이렇게 악하고 부패하게 되었는가?"라는 물음입니다.
　이 두 물음 가운데 어느 물음에 동의하느냐에 따라 우리는 "악하고 부패한 사회를 개조함으로 선하고 정의로운 인간을 만들어야 한다."라고 주장할 수도 있고 또는 "악하고 부패한 인간을 개조함으로 선하고 정의로운 사회를 만들어야 한다."라고 주장할 수도 있습니다.
　물론 이러한 물음에 대해 우리가 쉽게 양자택일적인 대답을 내리기

는 쉽지 않습니다. 개인과 사회는 상호 밀접하게 연관되어 불가분의 관계에 있기에 이분법적인 도식에 의해 쉽게 이 문제의 대답을 얻을 수는 없기 때문입니다. 그러나 우리가 사회윤리나 정의의 문제를 다룰 때 개인과 사회 가운데 어느 쪽에 더 큰 책임이 있으며, 무엇이 잘못되었다면 보다 근본적인 원인이 어느 쪽에 있는가를 규명해 보는 것은 올바른 대처 방안을 구하는 데 있어 유익하고 바람직한 일이라 하겠습니다.

우리가 흔히 경험하는 일 가운데 학생이 학교에서 큰 사고를 칠 경우, 선생님이 학생의 부모를 부르게 됩니다. 교무실에서 부모와 마주 앉은 선생님은 그 아이에게 무슨 일이 일어났는지 자세히 설명합니다. 그리고 부득불 이 아이에게는 학칙에 따라 징계가 내려 질 것이라고 말해줍니다.

이 경우 대부분의 학부모들은 다음과 같이 변명합니다. "선생님, 저희 아이는 원래 그런 애가 아니었어요. 얘가 고등학교 들어올 때까지는 정말 착하고 얌전한 아이였는데 고등학교에 들어와서 친구를 잘못 사귀어 그만 이렇게 되었어요." 또는 "우리 아이는 원래 착한 아이였는데 주위 환경 때문에 이런 길로 빠지게 되었어요."

이와 같은 예들은 주위에서 얼마든지 찾아볼 수 있습니다. 가정환경이 불우한 아이들이 탈선을 한다거나 학교에서 문제아가 되었을 때 우리는 그들의 잘못된 원인을 주위 여건이나 환경에 돌리게 됩니다. 원래 그 학생은 착하고 별 문제가 없었는데 주변 환경이 그를 그렇게 만들었다는 것입니다. 만일 우리가 이러한 사실을 그대로 승인한다면 앞에서 제기한 물음 가운데 첫 번째 물음, 즉 사회가 악하고 부패해서 인간도 악하고 부패하게 되었다는 데 동의하는 것이 될 것입니다.

그러나 이와 반대의 경우도 얼마든지 있습니다. 몇 년 전에 온 국민을 분노와 비탄에 젖게 한 초등학생의 유괴살인 사건이 있었습니다. 전문대를 졸업하고 부모가 다 살아있고 경제적으로도 어렵지 않은 가정에서 자란 한 여인이, 그것도 결혼을 해 자기도 곧 귀여운 아기 엄마가 될 여인이 사업자금 2천만 원 때문에 그 순진하고 예쁜 초등학교 여학생을 살해한 끔찍한 사건이 있었습니다.
어디 그 뿐입니까? 아들을 미국 유학까지 보낸 한약 건재사 부부가 용돈을 요구대로 주지 않는다고 아들에게 무참히 살해되고 아들은 부모의 시체에 불을 질러 사건을 은폐하려고 한 사건도 비슷한 시기에 일어났습니다. 이런 경우는 주변 여건이나 환경이 문제가 아니라 사람 자체가 문제인 경우입니다. 이와 같은 사례는 매일 같이 신문의 사회면을 어지럽게 장식하고 있으므로 더 이상 예를 들 필요도 없을 것입니다.

니버는 전통적인 기독교의 인간관을 통해 인간의 본질적인 모습을 두 가지로 구분했습니다. 첫째는 '인간은 신의 형상을 가진 존재'라고 보는 바 이는 인간의 선한 측면, 창조적인 측면, 긍정적인 측면을 부각하고 있습니다. 둘째는 '인간은 죄인'이라고 보는 바 이는 인간의 악한 측면, 파괴적인 측면, 부정적인 측면을 부각합니다.
이와 같이 인간은 본질적으로 상충하는 두 개의 본성을 가지는데 지금까지 기독교 윤리관에서는 신의 형상을 지닌 인간, 즉 인간의 선한 측면은 소홀히 간주되고 죄인으로서의 악한 면만이 일방적으로 강조되어 왔다고 니버는 비판합니다.

> 인간은 타락한 죄인이다. 따라서 죄인이 하는 일이란 대체로 선하기 보다는 악한 모양을 띄게 된다. 그러므로 죄인 또는 악한 인간들의 집단으로서의 사회란 악하고 부패할 수밖에 없다.

이런 입장에 서는 사람들은 인간 자체가 악하고 부패하기 때문에 우리가 선하고 정의로운 사회를 실현한다는 것은 어려운 일이라고 보고 이에 대한 큰 기대나 희망을 갖지 않습니다. 동시에 사회의 온갖 불의와 모순과 악에 대해서도 이를 바로 잡으려는 과감한 도전이나 적극적인 개혁의지를 갖지 않습니다.

오히려 정의로운 사회를 건설하기 위한 최선의 길은 사회구성원 한 사람 한 사람의 도덕적인 삶의 변화를 이끌어내는 것입니다. 모순과 부조리에 차 있는 이 사회를 개혁하기 보다는 개개인의 영혼의 변화, 즉 개개인의 가치관과 도덕의식의 변화와 그에 따라 나타나는 그들의 깨끗하고 도덕적인 삶만이 이 사회를 선하고 정의로운 사회로 변화시킬 수 있다고 봅니다.

요컨대 사람이 먼저 변화되어야 거기에 따라 사회도 변화될 수 있다고 보는 것입니다. 즉 사회구성원 한 사람 한 사람이 먼저 정의로워지면 사회도 정의로워 질 수 있고, 사회구성원 한 사람 한 사람이 도덕적이 되면 사회도 도덕적인 사회가 될 수 있다고 보는 것입니다.

　이런 입장에 서는 사람들은 인간의 문제가 해결되면 사회문제는 저절로 해결될 수 있다고 보기 때문에 사회정의를 실현하는 방법론에 있어서도 인간 개개인의 도덕적 변화를 통해 사회 전체의 도덕적 변화를 추구하려고 합니다.

　이와 같은 주장에는 물론 나름대로의 일리가 있는 것은 사실입니다. 그러나 니버는 이러한 주장에 반론을 제기합니다. 사회구성원 한 사람 한 사람이 도덕적 인간이 된다면, 그리고 그들이 모두 선하고 정의롭게 산다면, 또한 그러한 사람의 수가 확산된다면 이 사회가 정의로운 사회가 될 수 있으리라는 가능성이나 기대나 희망을 가질 수는 있습니다. 그러나 이러한 생각은 지극히 소박하고 원론적인 생각에 지나지 않으며 현실적으로는 그렇게 되지 않는다고 니버는 보고 있습니다.

　니버는 그의 저서 《도덕적 인간과 비도덕적 사회》에서 개인윤리와 사회윤리, 즉 개인도덕과 집단도덕을 엄격하게 구분합니다. 니버는 이 양자 사이에는 근본적인 차이가 있고 따라서 이 양자는 명확하게 구분되어야 한다고 봅니다.

　니버에 의하면 개인윤리의 측면에서 보면 인간은 대체로 선합니다. 인간이 가지는 선한 양심, 동정심, 남을 이해하는 마음 등에 의해 남을 돕기도 하고, 자기를 희생하기도 하며, 남의 이익을 자기 이익보다 우선적으로 생각하기도 합니다. 따라서 개인 대 개인 간의 인격적인 관계에 있어서는 어느 정도 도덕적인 삶을 성취할 수 있고 선과 정의를 실현할 수도 있습니다.

　그러나 이것이 비인격적인 사회집단에 있어서는 그렇지가 못합니다. 왜냐하면 집단의 속성은 이기적이기 때문입니다. 집단 속에는 잔인하고 무자비할 정도의 '집단이기주의(collective egoism)'가 작용합니다. 한 집단이나 계급이나 국가는 자신의 이익을 위해서라면 얼마든지 부도덕해질 수 있습니다.

　이러한 예는 얼마든지 찾아볼 수 있습니다. 미국 사회에서 미국인 한 사람 한 사람은 한국인에게 또는 유색인에게 아주 친절합니다. 개인적으로 길을 잃어버리거나 다른 어려운 일이 있어 도움을 요청하면 그들은 도움을 요청한 사람이 오히려 미안할 정도로 호의적으로 대해줍니다.

　그러나 집단에 있어서는 다릅니다. 미국 전체로서의 백인 사회는 전체로서의 한국인이나 유색인에게 눈에 보이지 않게 차별적입니다. 국가 대 국가에 있어서는 말할 것도 없습니다. 자국의 이익이 되지 않는 것은 미국은 절대로 외교정책으로 용납하지 않습니다. 미국이 이라크나 아프가니스탄을 침공한 것도 철저하게 자국의 이익에 따른 외교정책의 결과입니다.

　2차 세계대전 중 나치스의 6백만 유태인 학살 사건도 마찬가지입니다. 독일인 한 사람 한 사람을 놓고 볼 때 과연 그들이 다른 민족들보다 그렇게 모질고 악한 사람들입니까? 분명히 그런 것은 아닙니다. 그들도 다 선한 양심을 가지고 남을 위해 봉사도 하고, 남의 인격을 존중도 하며, 때로는 양보와 희생의 미덕을 가지고 살아가는 사람들입니다.

　독일인 한 사람 한 사람은 결코 유태인들을 그렇게 무참하게 학살하지는 못합니다. 그러나 나치스라는 집단에 있어서는 문제가 다릅니다. 집단 속에서 개인의 선한 양심은 무디어질 뿐만 아니라 때로는 아예 모습을 감추어 버립니다. 집단 속에서는 개인이 어떤 결정을 내리더라도 양심의 가책을 받지 않습니다. 왜냐하면 그러한 결정은 언제나 집단의 이름으로 나타나기 때문입니다. 나치스라는 집단을 통해 인간의 이기성과 잔인성이 무자비하게 드러난 사건이 곧 아우슈비츠 학살 사건입니다.

자, 그렇다면 20세기 대표적인 신학자요 기독교 윤리학자인 라인홀드 니버의 말대로 개인 한 사람 한 사람의 도덕적 변화만을 통해 이 사회를 정의로운 사회로 만들 수 없다면 우리는 어떻게 해야 하는 것일까요?

사회나 국가와 같은 집단 속에서는 개인윤리가 생각만큼 효과를 드러내지 않는다는 사실을 우리는 알아야 합니다. 그 한 예가 바로 요즈음 독도가 일본 땅이라고 우기는 일본의 경우입니다. 독도가 일본 땅이 아니라는 것을 잘 알고 있고, 또 그렇게 말하고 있는 일본 학자들이 많이 있습니다. 그들은 역사적 자료들을 통해 그것이 객관적인 사실이라는 것을 다 알고 있습니다.

그러나 그들의 이러한 주장은 우경화로 기울어진 일본 전체 국민들의 목소리 속에서는 힘을 잃고 맙니다. 집단화된 일본 사회 앞에서 일본인 한 사람 한 사람의 논리나 주장은 함몰되어버릴 수밖에 없습니다. 비록 그것이 진실이라도 말입니다.

이와 같이 조직과 집단 속에서의 개인은 조직과 집단이 갖는 메커니즘의 특성으로 인해 개인의 양심이나 도덕의식은 힘을 잃기 때문에 조직과 집단에 있어서는 개인윤리가 아닌 사회윤리가 적용되어야 합니다.

　니버에 의하면 개인윤리에 있어서는 도덕과 정의를 실현하기 위해 도덕적 호소와 설득에 의존할 수 있습니다. 즉 개개인의 양심에 호소함으로써 그들은 좀 더 선하고 정의로운 행동을 할 수도 있고 또한 그렇게 살아갈 수도 있습니다.

　그러나 사회윤리에 있어서 도덕과 정의를 실현하기 위해서는 정의로운 힘이 필요합니다. 니버는 사회윤리 차원에서 사회정의를 실현하기 위해 가장 중요한 요인이 되는 것은 '힘의 논리'라고 봅니다. 사회적 갈등과 모순, 집단적 이기주의, 구조적인 비리와 부조리 등에 대응하고 이를 견제하기 위해서는 '정의로운 힘(justice power)'이 필요합니다.

　예를 들어 고속버스회사의 운영이 비합리적이고 불친절한 경우를 살펴봅시다. 이때 정의와 힘의 관계를 이해하지 못하는 사람은 버스회사 기사나 간부에게 잘못을 항의하거나 호소함으로써 이러한 문제들이 시정될 것으로 생각합니다. 그러나 이러한 설득이나 호소는 극히 제한된 효과밖에는 발휘하지 못합니다.

　이 경우 문제 해결의 첩경은 힘의 논리에 의한 제도적 개선 방안을 내놓는 것입니다. 즉 다른 또 하나의 고속버스 노선을 만드는 것입니다. 그렇게 될 경우 승객들은 힌 버스회사가 불친절하거나 미음에 들지 않으면 다른 회사의 버스를 이용하게 될 것이며 이렇게 되면 두 회사는 서로 운영과 서비스에 있어 선의의 경쟁을 하게 될 것입니다. 그리고 그 결과 비합리적인 운영이나 불친절과 같은 문제는 자연히 해결될 것입니다. 이러한 예는 우리 사회에서 독점기업의 횡포를 막기 위해 힘의 분산과 견제의 원리를 적용시키는 하나의 좋은 예가 될 수 있습니다.

사회 부정의는 언제나 힘의 불균형에서 생깁니다. 힘이 없는 개인이나 힘이 없는 집단이 권력의 소지자나 힘이 강한 집단에 대해 정의를 호소해 봐야 받아들여지는 경우가 거의 없습니다. 그보다는 불의를 행하는 상대방에게 압력을 가할 수 있는 대등한 힘이 있을 때 비로소 그의 주장과 호소가 받아들여지게 됩니다.

이런 이유로 인해서 니버는 사회정의를 실현하기 위해서는 그 사회의 다양한 '정의로운 힘'이 존재해야 한다고 말합니다. 사회정의를 실현하기 위해 소극적으로 개인의 도덕화에만 의존해서는 안 된다는 것입니다. 여기서 한 걸음 더 나아가 보다 적극적이고도 거시적으로 힘의 균형을 바탕으로 하여 사회의 정책과 제도를 개선해 나가야 합니다. 사회의 구조적인 악과 불의에 대한 견제는 힘의 균형이 깨어진 상태에서는 이루어질 수 없기 때문입니다. 사회정의란 그 사회가 어느 정도 정의로운 힘을 확보하느냐 여하에 성패가 달려있다고 보는 것이 니버의 사회윤리의 핵심내용입니다.

자, 그렇다면 오늘날 한국교회들이 과연 우리 사회의 '정의로운 힘이 될 수 있는가?' '정의로운 힘의 역할을 잘 감당하고 있는가?'라는 물음을 던져볼 수 있습니다. 교회의 사명을 크게 '개인구원'과 '사회구원'이라는 측면으로 볼 때 한국 기독교의 전통이 너무 개인구원에만 관심을 가진 것은 아닌지 반성해 볼 일입니다.

구약의 모세도, 신약의 바울도 자기 민족을 구원하기 위해 자신의 목숨까지도 내놓은 자들이었습니다. 저들은 모두 민족공동체에 대한 관심과 사랑이 그렇게 컸던 것입니다.

그러나 오늘날 한국 교회와 그리스도인들은 자신과 자기 가족의 영혼 구원과 자기 교회의 성장과 부흥에만 관심을 가졌지 이 사회와 민족과 국가에 대한 관심과 책무에는 너무 소홀하지 않았는지 깊이 생각해 볼 일입니다. 더구나 이러한 점이 130여 년의 한국 개신교 역사 가운데 눈에 보이지 않는 하나의 전통과 같이 고착되어버렸다면 라인홀드 니버를 통해 우리 모두가 깊이 반성해 보아야 할 것 같습니다. 이제 한국 교회는 우리 사회의 '정의로운 힘'이 되어야 하고 그에 맞는 합당한 역할을 감당해야만 할 것입니다.

사르트르의 자유의 가치

 20세기 프랑스의 최고의 지성 사르트르(J. P. Sartre)는 24세에 교수 자격시험에 1등으로 합격한 수재입니다. 그는 대학을 졸업한 후 독일로 건너가 후설(E. Husserl)의 현상학과 하이데거(M. Heidegger)의 실존철학을 깊이 접하게 됩니다. 그리고 독일 철학자들의 난삽한 철학이론을 자신이 소화하여 이를 문학적인 언어로 쉽게 표현하여 실존철학을 대중화시키는 데에 크게 기여했고 이로 인해 59세 때는 노벨 문학상까지 수상하였습니다.
 사르트르는 그의 실존철학에서 인간이 누리는 자유를 가장 소중한 최고의 가치로 규정하고 있습니다. 그런데 사르트르가 말한 자유는 우리가 일반적으로 생각하는 자유와는 좀 거리감이 있습니다. 사르트르가 '인간은 자유존재다.'라고 했을 때, 그 때의 자유는 '절대적 자유'를 말합니다. 인간은 모든 것을 자유롭게 선택할 수 있으나 자신이 자유임을 자유롭게 선택할 수는 없습니다. 즉 인간에게는 자유일 수도 있고 자유

아닐 수도 있는 그러한 자유는 없다는 것입니다.

  이러한 인간의 모습을 사르트르는 "인간은 자유라는 운명을 짊어지고 있다." 또는 "인간은 자유를 추구하도록 선고가 내려진 존재이다."라고 표현합니다. 이렇게 보면 인간이 누리는 자유는 축복이 아니라 오히려 저주이며 무서운 형벌이라고도 할 수 있습니다. 자유이기에 무엇이든 마음대로 할 수 있다기보다는 그 자유가 부담이 되고 짐이 되는 것입니다.

  인간이 느끼는 불안이란 바로 자유로 인한 불안입니다. 자신의 자유로운 선택과 행동에는 언제나 자신만이 져야 할 책임이 따르고 그로 인해 인간은 언제나 불안하고 중압감을 느끼는 것입니다. 만일 신이 존재하고 인간이 신의 뜻에 따라 살아간다면 인간에게는 이러한 불안이 없을 것이라고 사르트르는 말합니다. 불행하게도 사르트르는 무신론자였기에 평생 자유로 인한 불안감과 중압감을 가지고 살아야 했습니다.

  인간은 본질적으로 자유를 갈망합니다. 현대 영국의 철학자 칼 포퍼(K. Popper)는 자유를 누리고자 하는 인간의 갈망을 원초적인 욕망과 같은 것으로 보았습니다. 따라서 인간은 자유를 누리면 누릴수록 더 많은 자유를 누리기를 원하게 됩니다. 그리고 끝내 자신이 무엇이든 할 수 있는 '무제한의 자유' 곧 '완전한 자유'까지도 바라게 됩니다.

  그러나 만일 우리 모두가 이러한 무제한의 자유를 누리게 된다면 그것은 축복이 아니라 재앙이 될 수 있습니다. 왜냐하면 이러한 무제한의 자유가 인간의 원초적인 이기심과 함께 표출될 때 거기에는 약육강식의 혼란만이 난무하게 될 것이기 때문입니다.

그래서 포퍼는 인간이 추구하는 자유는 결코 무제한의 자유나 완전한 자유가 되어서는 안 된다는 것을 분명히 했습니다. 이러한 자유는 필경 '강자가 약자를 지배하는 자유'까지도 초래할 것이기 때문에 이는 오히려 우리 모두에게 부자유를 초래하게 되고 결국 무제한의 자유는 자유의 종말을 가져올 것이라고 경고합니다.

2008년 10월 2일 국민의 사랑을 한 몸에 받아왔던 톱스타 최진실 씨의 자살도 무제한의 자유가 얼마나 위험한 일인지를 잘 말해주고 있습니다. 그녀는 익명의 그늘에 숨어 비방과 인신공격을 일삼던 무책임한 인터넷 악플들에 의해 희생양이 되었습니다. 언론의 자유, 표현의 자유라는 이름 아래 그토록 국민들로부터 사랑을 받던, 선량한 두 아이의 엄마인 최진실 씨가 죽음의 사지로 내몰린 것입니다.

그래서 우리는 우리에게 주어진 소중한 자유를 어떻게 사용해야 하는지에 대해 깊이 생각해 봐야 합니다. 성경 말씀은 우리에게 자유에 대한 아주 귀중한 사실을 말해주고 있습니다. 요한복음에 보면 "진리를 알지니 진리가 너희를 자유롭게 하리라."(8:32)라고 말씀하고 있습니다.

그렇습니다. 하나님께서는 인간을 자유존재로 창조하셨습니다. 기계적으로 하나님 뜻대로 움직이는 로봇과 같은 존재로 창조하신 것이 아니라 우리의 마음과 뜻을 따라 자유롭게 생각하고 자유롭게 행동하도록 창조하신 것입니다.

그러나 하나님은 이 자유를 남용하는 것을 기뻐하지 않았습니다. 아담과 하와가 하나님의 말씀을 거스르고 마음대로 선악과를 따먹었을 때 하나님은 진노하시고 엄중한 책임을 물으셨습니다. 인간에게 주어진 자유는 고귀한 가치입니다. 그러기에 하나님은 그 자유를 하나님의 말씀 곧 '진리' 안에서 사용하라고 말씀합니다. 진리를 알고 그 진리에 어긋나지 않게 합당하게 자유를 행사하라는 것입니다.

오늘날 사회에서 일어나는 대부분의 범죄는 자유를 잘못 사용하여 일어난 것입니다. 자신에게 주어진 자유가 마치 무제한의 자유인 양 이기적인 욕심을 채우기 위해 자유를 남용한 것이지요.

"그리스도께서 우리를 자유롭게 하려고 자유를 주셨으니 그러므로 굳건하게 서서 다시는 종의 멍에를 메지 말라." 갈라디아서(5:1)의 말씀입니다. 우리에게 주어진 자유가 사르트르의 말과도 같이 불안의 원인이 될 필요도 없고 범죄의 도구가 되어서도 안 됩니다. 그러기 위해서는 오직 진리 안에서 자유함을 풍성하게 누리는 지혜를 가져야 할 것입니다.

Chapter 6
철학자들이 던진 문제들

토인비의 도전과 응전의 원리

20세기 영국의 역사가 아놀드 토인비(A. Toynbee)는 역사 연구의 기본단위를 국가나 민족이 아니라 보다 포괄적인 문명(civilization)으로 보았습니다. 종래의 역사학에서는 역사의 기본모형을 항상 정치적 시각에서 바라본 국가나 민족에 두었습니다. 그러나 토인비는 역사를 단순한 정치사의 한 페이지가 아닌 그 이상으로 보았습니다. 그는 역사 발전의 담지자를 정치, 경제, 사회, 문화 등의 통일체인 사회 전체로 보고 이를 문명이라 규정했습니다. 그리고 문명이야말로 역사를 구성하는 기본단위가 된다고 생각했습니다.

토인비는 역사의 기본단위가 되는 문명의 발전과 쇠망을 '도전과 응전의 원리(principle of challenge and response)'로 설명하고 있습니다. 토인비의 도전과 응전의 원리는 종교적인 상징성을 지닙니다. 그는 구약성서의 '욥기'와 괴테의 《파우스트》에 나타나는 신과 악마와의 조우(遭遇)로부터 도전과 응전의 개념을 얻었다고 합니다.

구약성서 욥기에 의하면 욥은 하나님을 향한 순전한 믿음을 지닌 당대의 의인(義人)이었습니다. 악마는 욥의 믿음을 시험하기 위해 하나님께 갖가지 재앙을 욥에게 내릴 것을 요구하고 하나님은 이를 허락합니다.

들에서 풀을 뜯던 욥의 가축들이 몰사하고, 태풍이 불어와 집이 무너지고, 자녀들이 목숨을 잃고, 마지막으로 욥 자신도 온 몸에 종기가 번져 극심한 고통에 시달립니다. 이때 욥의 부인조차 하나님을 저주하고 스스로 목숨을 끊으라고 욥을 몰아 부칩니다. 그러나 이러한 고난과 좌절 속에서도 욥은 끝까지 그 시련을 신앙으로 견디어 내고 마침내 악마의 도전에 승리합니다.

《파우스트》에서도 역시 악마 메피스토 펠레스가 파우스트를 굴복시키기 위해 신과 내기를 합니다. 파우스트는 인간은 어떠한 미망의 길을 걷고 있더라도 인간으로서의 노력을 게을리 하지 않는다면 종국에 가서는 구원을 받는다는 것과, 신 또한 노력하는 인간을 구원하기를 원하고 있음을 확신합니다. 노학자 파우스트는 20대의 청년으로 젊어져 메피스토 펠레스와 함께 여행을 떠나는데 여러 가지 유혹과 도전을 받게 됩니다. 그리고 끝내는 맹인이 되는 시련을 받게 되나 오히려 그의 심안(心眼)은 더욱 맑아져 마침내 메피스토 펠레스의 도전을 이기고 승리하게 됩니다. 욥과 파우스트가 겪는 개인적인 시련은 수없이 많은 인간이 겪는 시련의 표상이 된다고 토인비는 보았습니다.

토인비가 도전과 응전의 원리로 역사와 문명의 흥망성쇠를 설명할 때

즐겨 인용한 예화가 있습니다.

런던 시민이 좋아하는 요리 가운데 청어요리가 있는데 그들은 북해에서 잡힌 싱싱한 청어요리를 특히 좋아합니다. 그런데 북해에서 잡은 청어를 런던까지 수송하려면 보통 빨라야 2~3일이 걸리는데 그동안 신선도가 떨어져 갓 잡은 싱싱한 청어의 맛을 잃어버리고 맙니다.

그런데 이 청어를 수송하는 상인 가운데 한 사람만은 유독 언제나 싱싱하고 팔팔한 청어를 런던 시민에게 공급하여 많은 돈을 벌었습니다. 그래서 주위 사람들이 그에게 묻기를 "당신은 어떻게 해서 북해에서 잡은 청어를 그렇게 싱싱한 채로 런던으로 가져올 수 있습니까?" 이 물음에 그는 이렇게 대답했습니다.

"나는 북해산 청어를 운송할 때 큰 물탱크에 숭어를 두세 마리 집어넣습니다. 그러면 그 숭어가 청어를 잡아먹으려 하기 때문에 청어들은 숭어를 피해 이리 저리 도망 다니게 됩니다. 이 가운데 물론 몇 마리는 잡아먹히게 되지만 숭어 덕분에 대부분의 청어들은 도망 다니느라 팔팔하게 살아 런던까지 올 수 있게 되는 거지요."

역사와 문명은 힘든 도전에 대한 지혜로운 응전이 있을 때 발전해 나간다는 것을 이런 비유를 통해 설명한 것입니다. 이러한 도전과 응전의 원리는 역사와 문명뿐만 아니라 인간 개개인의 삶에도 적용된다고 봅니다. 인간의 삶에도 때로는 숭어의 역할을 해 줄 수 있는 요인이 필요한 때가 있습니다. 우리의 삶이 창조적이고 생동감이 넘치기 위해서는 숭어의 역할을 하는 도전이 필요하다는 것입니다.

창공을 나는 새가 심한 공기의 저항을 받게 되자 속으로 이렇게 생각했습니다. "이 공기의 저항이 없으면 얼마나 좋을까? 앞에서 불어오는 바람만 없다면 훨씬 더 자유롭게 날 수 있을 텐데." 그러나 이 새는 앞에서 불어오는 바람이 없다면, 그래서 공기의 저항이 전혀 없는 진공 속에서는 단 한 치도 날 수 없다는 사실을 모르고 있는 것입니다. 칸트가 든 예화입니다.

그렇습니다. 우리가 살고 있는 이 세계와 현실은 진공상태의 세계나 현실이 아닙니다. 거기에는 끊임없이 거센 바람이 불어 닥쳐와 우리의 행로를 어렵게 만듭니다. 그러나 우리가 바람의 저항을 지혜롭게만 이용하면 우리의 인생항로를 보다 높이, 보다 가치 있는 곳으로 이끌어갈 수 있음을 알아야 합니다.

우리가 만일 우리에게 주어진 모든 고통과 시련을 거부하고 오직 안일과 무사만을 바란다면 이는 마치 공기의 저항이 없는 진공의 세계 속에서 날기를 바라는 새와 다를 바 없을 것입니다.

우리는 우리의 인생행로에서 수시로 우리 앞에 불어 닥치는 세찬 공기의 저항과 맞부딪칠 것입니다. 수많은 장애물들이 우리의 행로를 가로막고 버티고 있을 것입니다. 그러나 그 장애물이 무엇이든 우리 주님께서 공급해 주시는 능력을 통해 그 장애물을 극복하고 승리할 수 있다는 믿음, 이것이 그리스도인이 가질 수 있는 특권입니다.

소크라테스의 죽음

　인류의 4대 성현이라고 부르는 소크라테스는 조각가인 아버지와 산파인 어머니 사이에서 기원전 469년 아테네에서 출생하였습니다. 그의 외모는 사람들에게 호감을 주지 못했습니다. 땅딸막한 키에 벗겨진 머리, 균형 맞지 않은 큰 얼굴에 튀어나온 눈과 뭉툭한 코, 불룩한 배, 여기에다 허름한 망토를 걸치고 샌들을 끌며 아고라(Agora)광장을 쏘다니는 그의 모습은 사람들에게 호감을 주기는커녕 오히려 혐오감을 줄 정도였습니다. 그러나 그와 한 번 대화를 나눈 사람은 그의 성품과 인격, 해박한 지혜와 물 흐르듯 거침없이 이끌어 가는 대화술에 큰 매력을 느꼈습니다.
　소크라테스는 순박하고 솔직한 성격의 소유자였으며 모든 일에 정열적이있습니다. 또한 그는 놀라운 지제력과 인내력도 가지고 있었으며 당시 아테네의 모든 시민들에게 존경을 받을만한 지혜와 탁월한 대화술도 가진 자였습니다.

소크라테스에 관한 단편적인 일화 가운데 악처로 이름난 크산티페에 관한 이야기가 있습니다. 궁핍한 살림살이 때문에 소크라테스는 아내의 잔소리에 언제나 시달려야만 했습니다. 어떤 사람이 "선생님, 선생님은 아내의 잔소리를 어떻게 견디어 냅니까?"라고 물으니 그는 "물레방아 돌아가는 소리도 귀에 익으면 괴로울 것이 없다네."라고 대답했습니다. 또 한 번은 그의 제자가 "선생님 결혼하는 것이 좋습니까, 안 하는 것이 좋습니까?"라고 묻자 "결혼하게나, 만일 온순한 아내를 얻으면 행복하게 될 것이고 악처를 만나면 나 같은 철학자가 될 테니까!"라고 대답했다고 합니다.

소크라테스는 모든 지식의 근본을 자기 자신을 아는 데 두었습니다. 소크라테스에게 있어 자기 자신을 안다는 것은 곧 자신의 무지(無知)를 깨닫는 것을 의미했습니다. '내가 무엇을 모르는지', 그것을 아는 것이 곧 지혜라는 말입니다. 그는 아폴론 신전 입구에 새겨져 있는 '네 자신을 알라(Gnothi seauton)'는 말을 자신의 진리의 표어로 삼고 아테네 거리에서 뭇 사람들의 무지를 깨우쳐 주는 것을 자신의 평생의 사명으로 삼았습니다.

소크라테스 주위에는 그와 대화하기를 원했던 많은 사람들이 모여들었습니다. 특히 진리를 갈망하는 젊은 청년들이 그의 제자가 되기를 원했습니다. 이들은 아무런 보수를 받지 않고 오직 아테네 시민들이 덕스러운 삶을 살 수 있도록, 그리고 그들의 영혼이 지혜롭게 되기만을 바라며 모든 정열을 쏟았던 소크라테스를 존경했습니다.

그러나 언제 어디서나 진리를 배척하는 무리들이 있기 마련입니다. 마치 예수를 시기하던 자들이 그를 십자가에 못 박았던 것처럼 소크라테스를 시기하는 자들은 그가 청년을 유혹하며 국가의 신 '아테나이'를 믿지 않고 '다이몬'이라는 새로운 신을 믿는다는 죄목으로 소크라테스를 고소했고 결국 소크라테스는 독배를 마시고 일생을 마치게 됩니다.

그를 사랑하던 많은 아테네 시민들과 제자들은 소크라테스가 아무런 죄도 없이 사형을 당하는 것을 분하게 여겼습니다. 이들은 "선생님, 선생님은 부당하게 사형을 당하는 것입니다."라고 말하며 탈옥을 권유했습니다. 그러나 소크라테스는 "그러면 그대들은 내가 정당하게 사형 당하기를 원하는가?" 이렇게 반문하며 오히려 죄 없이 죽는 것을 다행으로 생각했습니다.

소크라테스에게 죽음을 피하는 길은 얼마든지 있었습니다. 만일 그가 아테네의 젊은이들에게 철학을 가르치는 일을 포기하거나 스스로 아테네를 떠나는 추방의 길을 택했더라면 사형의 길은 면할 수 있었습니다. 그러나 소크라테스는 이 둘 모두를 거부했습니다. 그에게 여러 번 탈옥의 기회가 주어졌지만 "부정을 행하는 것보다 차라리 부정을 당하는 편이 좋은 일이다."라고 생각하여 이를 끝내 거절했습니다.

소크라테스는 자기를 고발한 자들과 배심원들 앞에서 최후판결이 난 후 다음과 같이 말했습니다.

이번 사건은 나에게 매우 유익한 것 같습니다. 우리는 죽는 것을 재앙이라고 생각하고 있지만 나는 그런 생각은 옳지 않다고 봅니다. 죽음이란 다음 두 가지 중에 어느 하나라고 생각합니다. 죽음이 모든 감각이 없어지는 완전한 허무라면, 꿈도 꾸지 않을 정도로 깊이 잠든 것과 마찬가지 아니겠습니까? 그렇다면 죽음이란 형벌이 아니라 굉장한 소득일 것입니다. 그리고 만일 죽음이 이 세상에서 저 세상으로 가는 것이라면 그것은 즐거운 여행을 떠나는 것과 마찬가지 아니겠습니까?

이제 떠날 시간이 되었습니다. 그래서 우리는 각자 자기의 길을 가는 것입니다. 나는 죽음의 길을 그리고 여러분은 삶의 길을, 그러나 어느 길이 나은 것인지는 신만이 알 것입니다.

소크라테스는 친구와 제자들이 지켜보는 가운데 사약을 든 간수가 들어오자 조용히 독배를 받아 마셨습니다. 주위에는 울음소리가 들렸으나 그는 이를 꾸짖고 한 동안 감옥 안을 거닐다가 침대에 누웠습니다. 잠시 후 그는 입을 열어 죽마고우였던 크리톤에게 마지막 당부의 말을 남겼습니다. "크리톤, 내가 아스클레피오스에게 닭 한 마리를 빚진 게 있는데 그걸 갚아주겠나?" 이 한 마디를 남기고 위대한 철인 소크라테스는 70세의 생애를 조용히 마쳤습니다.

소크라테스가 죽음 앞에서 이와 같이 당당했던 것은 정의에 대한 그의 강한 신념 때문이기도 했지만 또 한편 영혼불멸에 대한 평소의 확신 때문이기도 했습니다. 그는 당시 대부분의 그리스인들과 마찬가지로 죽은 후 자신의 영혼이 불멸하는 천상의 세계로 돌아갈 것이라는 확고한 믿음을 가지고 있었습니다.

천상의 세계, 곧 내세에 대한 소크라테스의 믿음은 사실 모든 인간의 소망이요 간절한 바람입니다. 다만 그 천상의 세계가 어떠한 세계이며 어떻게 해야 갈 수 있는지를 모르고 있다는 것이 안타까울 뿐입니다.

  내세에 대한 막연한 기대나 희망을 갖는 것과 성경말씀을 통해 내세에 대한 확실한 믿음과 소망을 갖는 것은 전혀 차원이 다른 이야기입니다.

역사의 왜곡을 막아라

중국 춘추전국시대 초나라에 한 무기 상인이 있었습니다. 그는 시장에서 자기가 만든 방패를 들고 이렇게 소리쳤습니다. "이 방패를 보십시오. 아주 견고하여 어떤 창이라도 막아낼 수 있습니다." 그리고 창을 들고는 "이 창을 보십시오. 이 예리한 창은 어떤 방패도 뚫어버립니다." 그러자 구경꾼 중에 한 사람이 이렇게 물었습니다. "그 예리한 창으로 그 견고한 방패를 찌르면 어떻게 되는 거요?" 그러자 상인은 말문이 막혀 서둘러 자리를 뜨고 말았다고 합니다.

우리가 흔히 사용하는 '모순(矛盾)'이라는 말이 유래한 이야기입니다. 모순은 창 모(矛), 방패 순(盾) 두 글자로 이루어졌는데 어떤 방패도 뚫는 창이나, 어떤 창도 막을 수 있는 방패는 있을 수 없기에 말이나 행동이 앞뒤가 맞지 않을 때 사용하는 말입니다.

요즈음 한일관계가 아주 껄끄럽습니다. 아베 일본 총리가 일본의 한반도 침략과 종군 위안부 문제에 대해 상식에 어긋난 언행을 일삼고 있기 때문입니다. "침략의 정의(定義)는 정해져 있지 않다. 그건 국가와 국가의 관계에 있어 어느 쪽에서 보는가에 따라 다르다."라는 그의 발언으로 일본제국주의의 침략전쟁과 식민지 지배로 끔직한 고통을 당한 한국을 비롯한 동남아 국가들의 분노를 사고 있습니다.

한 국가의 최고 지도자로서 역사를 보는 시각은 물론, 자신이 한 말이 논리적인 모순에 빠져있는 것도 모른 채 사용하고 있는 것이 안타깝습니다. 과연 그가 말한 대로 침략의 정의는 정해져 있지 않고 보는 시각에 따라 각각 다르게 해석할 수 있는 것인가요? 이에 대한 대답을 얻기 위해 먼저 상대주의(relativism)에 대해 살펴보겠습니다.

고대 그리스 시대에 소피스트(Sophist)라 부르는 일군의 철학자들이 있었습니다. 이들은 '인간은 만물의 척도'라고 하여 진리와 도덕에 있어서 상대주의적인 입장을 주장했습니다.

> 진리는 너에게는 그것이 너에게 나타난 그대로요 나에게는 그것이 나에게 나타난 그대로이다. 진리의 척도는 사물에 있는 것이 아니다. 모든 것이 사람에 따라 보이는 그대로이다.

이것이 소피스트의 주장입니다. 이와 같은 입장에서는 진리의 보편적 가치는 부정되고 모든 사람이 일반석으로 받아들일 수 있는 진리는 승인될 수 없게 됩니다. 모든 것을 결정하는 진리의 잣대는 인간 한 사람 한 사람 각자라는 점에서 '인간은 만물의 척도'인 것입니다.

소피스트의 이러한 진리관은 그들의 윤리관에도 그대로 적용됩니다. 그들은 선악에 관한 도덕의 문제 역시 상대적인 것으로 파악하려고 했습니다. "나에게 선한 것이 때로는 너에게 악이 될 수 있고 반대로 나에게 악한 것이 때로는 너에게는 선이 될 수 있다." 이와 같이 그들은 도덕에 있어서도 모든 사람이 따라야 할 보편적이고도 객관적이 기준이 없으며 오직 그때그때 각자에게 주어지는 주관적인 의견, 곧 각자의 생각이 있을 뿐이라고 했습니다.

이러한 소피스트의 주장에 경종을 울린 철학자가 바로 소크라테스입니다. 소크라테스는 진리와 도덕의 상대성을 주장했던 소피스트의 주장이 얼마나 위험한 것인가를 잘 알고 있었습니다. 만일 진리와 도덕의 기준이 개개의 인간에 있다면, 그래서 저마다 자신의 도덕적 판단에 따라 자신의 행위가 옳다고 주장한다면 모든 사람이 따라야 할 도덕과 윤리는 성립할 수 없게 되기 때문입니다.
너와 내가 같이 승인하고 우리 모두가 함께 인정할 수 있는 가치체계가 존재하지 않는다면 도덕과 윤리는 무용지물이 되어버릴 것이고 그런 사회가 어떤 모습의 사회가 될 것인지는 우리 모두가 충분히 짐작하고도 남을 일입니다. 진리와 도덕에 대한 상대주의 입장은 언뜻 보면 논리적으로 잘못이 없는 것처럼 보이지만 이러한 주장이 얼마나 독단적인 요소와 논리적인 모순을 내포하고 있는가에 대해 우리는 충분한 주의를 기울여야 합니다.

역사인식에 있어서도 마찬가지입니다. 우리가 아베 총리의 역사인식이 자기모순에 빠졌음을 지적하는 것은 그가 역사를 지극히 자기 주관적으로 해석했기 때문입니다. 역사란 이미 지나간 사실에 대한 기록으로 역사적 사실이란 그 자체로서 독립성과 객관성을 갖습니다. 역사의 진실은 사실 자체가 갖는 진실입니다. 냉엄하고도 확고부동한 역사적 사실만이 진실입니다. 그러한 진실은 후대 사람들의 가치판단에 의해 임의로 바꾸어질 수 있는 것이 아닙니다.

최근 중고등학교 국사 교과서에 유관순 열사에 관한 내용이 누락된 교과서가 있음이 드러나 사회적 파장을 일으키고 있습니다. 이유인즉 교과서를 집필한 필자가 자신의 역사적 가치판단을 통하여 이 부분을 삭제했기 때문입니다. 이 문제 역시 앞서 말한 것과 같이 역사적 사건이 개개인의 가치판단에 따라 기술되기도 하고 삭게 될 수도 있는 것인지, 충분히 논란거리가 될 수 있습니다.

역사학의 아버지라 부르는 독일의 역사학자 랑케(L. v. Ranke)는 "역사적 진실이란 사실 속에 담겨 있는 것이지 역사가의 주관적인 관점을 통해 도달될 수 있는 것은 아니다."라고 못 박고 있습니다. 역사는 어디까지나 역사 자체로서 기술되어야 하고 인식되어야 함을 강조한 말입니다.

만일 이러한 역사적 사실이 후대 사람의 어떤 정치적 입상이나 딩피적 관점에 따라 그 색깔이나 윤곽이 달라진다면 그것은 역사에 대한 심각한 왜곡을 가져오게 합니다. 역사가 역사를 바라보는 사람의 어떤 목적을 염두에 두고 이리저리 해석된다면 역사는 얼마든지 변색될 수 있으며 역사의 객관성은 치명적인 손상을 입게 됩니다.

뿐만 아니라 역사가는 역사가 교훈적이고 실용적인 면으로 빠지지 않도록 모든 가치판단으로부터도 초연해야 합니다. 역사란 과거를 심판하는 것도 아니며 현 세대에 교훈을 주는 것도 아닙니다. 만일 역사가가 과거의 심판자가 되려고 하거나 현 세대의 교사가 되려고 한다면 역사는 그러한 심판자나 교사의 도덕적 가치판단에 따라 어느 일방적인 면만이 조명될 것이고 그렇게 될 때에 역사의 객관성은 심각한 손상을 입게 될 것입니다.

역사가 주는 진정한 교훈은 사실을 아는데 있습니다. 냉엄하고도 확고부동한 역사적 사실만을 엄격하게 고수하면서 어떤 훈계도 하지 않고 도덕적인 교훈도 제시하지 않으며 이야기를 보태지도 않은 채 다만 역사적 진실만을 말하려고 했던 것이 역사학의 아버지라 불리는 랑케의 소망이요 역사기술의 목적이었습니다.

아베 일본 총리도, 중고등학교 국사교과서 집필자도 역사에 대한 섣부른 가치판단이 자칫 역사를 왜곡하고 욕되게 하는 것임을 알아야 할 것입니다.

데카르트의 방법적 회의와 신의 존재

　데카르트(R. Descartes)가 어느 날 이른 아침 산책을 나갔습니다. 매일 다니던 산책길을 따라 산책을 하던 중 길 위에 뱀이 한 마리 있는 것을 보고 깜짝 놀라 오던 길을 되돌아갔습니다.
　다음 날 아침 그는 어제 갔던 산책길을 따라 또 아침 산책을 나섰습니다. 그런데 이상하게도 어제 뱀을 봤던 바로 그 자리에 또 다시 뱀이 있는 것을 보고 오던 길을 다시 돌아가던 중 이상한 생각이 들었습니다.
　'이상하다, 어떻게 어제와 같은 시간, 같은 장소에 뱀이 있을까?' 이렇게 생각한 데카르트는 그 뱀이 있던 자리로 다시 돌아와 자세히 보니 그것은 뱀이 아니라 썩은 동아줄이었습니다. 자신이 어제 본 것도, 오늘 본 것도 뱀이 아닌 동아줄이었던 것입니다.
　이런 사실을 경험한 데카르트는 자신의 경험에 대해 '내가 경험한 것이라도 사실이 아닐 수가 있구나.'라는 생각을 하게 되었습니다. 분명히 내 눈으로 직접 봤는데, 그것도 두 번씩이나 목격했는데 자신이 본 것이 틀렸던 것입니다. 그래서 그는 '경험을 통해 얻는 지식의 확실성'에 대해 하나하나 의심을 하고 검증해나가기 시작했습니다. 이러한 감각적 경험에 대한 의심을 기록한 책이 바로 유명한 《방법서설》입니다.

그는 먼저 감각적 경험의 능력에 대해 의심을 했습니다. 도대체 인간의 감각적 경험은 어디까지 알 수가 있는가? 하는 것입니다. 그리고 그는 곧 감각적 경험은 극히 제한적이라는 사실을 알게 되었습니다.

예를 들어 우리는 빛이 너무 어두워도 사물을 볼 수 없지만 너무 밝아도 볼 수 없습니다. 소리가 너무 작아도 들을 수 없지만 너무 커도 들을 수 없습니다. 우리의 감각이 미칠 수 있는 영역은 이와 같이 극히 제한되어 있습니다.

예를 들어 넓은 방 안에 30와트 전구를 하나 켜 놓았을 때 방이 어두워 글씨를 잘 읽을 수 없습니다. 그러나 그 방에 30만 와트 전구를 켜 놓으면 어떻게 될까요? 그 빛이 너무 밝아 우리 눈앞에는 아무 것도 안 보일 것입니다. 우리의 눈은 너무 어두워도, 너무 밝아도 사물을 볼 수 없습니다.

또 누가 멀리서 우리를 부를 때 그 소리가 잘 안 들리면 "더 크게 말해, 잘 안 들려."라고 소리칩니다. 그러나 우리의 청각은 일정한 주파수의 소리만 들을 수 있지 너무 커도 그 소리를 들을 수 없습니다. 지금까지 그 누구도 이 지구가 돌아가는 소리를 들은 사람이 없을 것입니다. 지구가 지금 이 순간도 스스로 자전하며 태양의 주위를 공전하고 있는데 이때 지구는 엄청난 굉음을 내며 돌아갑니다. 그러나 우리가 그 소리를 들을 수 없는 것은 그 소리가 너무 크기 때문에 들을 수 없는 것입니다.

또한 감각적 경험은 사물의 본질이 아닌 현상만을 파악합니다. 만일 우리의 지식을 감각적 경험에만 의존한다면 물속의 막대기를 굽은 것으로 보고, 바닷물을 파란색이라고 주장할 것입니다. 그러나 그것은 어디까지나 사물이 나타난 현상일 뿐 사물의 본질적인 모습은 아닙니다. 물속의 막대기는 물속에서 굴절현상으로 굽게 보일 뿐이며, 바닷물은 태양의 여러 빛깔 가운데 다른 빛은 다 흡수하고 파란 빛깔만을 반사하기 때문에 파랗게 보일 뿐입니다.

감각적 경험의 가치에 있어서도 사정은 마찬가지입니다. 감각적 경험은 매우 주관적입니다. 감각적 경험은 사람에 따라 또는 시간과 장소에 따라 다르게 나타납니다. 똑같은 날씨, 똑같은 기온인데 어떤 사람은 춥다고 느끼며 어떤 사람은 서늘하게 느낍니다. 이것이 바로 감각적 경험이 주관적인 것임을 말해줍니다.

뿐만 아니라 감각적 경험은 때때로 착각을 불러일으키며 우리를 속이기도 합니다. 멀리 수평선 위의 섬을 배로 착각하기도 하고 구름 속의 달이 흘러가고 있는 것처럼 우리를 속이기도 합니다.

감각적 경험에 대해 데카르트가 의심한 내용은 이보다 훨씬 많지만 결론적으로 그는 감각적 경험이란 우리가 신뢰할 만한 지식의 원천이 되지 못한다고 보았습니다. 즉 인간의 감각적 경험은 진리의 기준이 되지 못하는 것입니다.

그리스도인들이 복음을 전할 때 일차적으로 부딪치는 문제는 "너 하나님 봤어? 하나님이 존재한다는 것을 어떻게 믿어? 하나님 한번만 보여주면 나도 믿을게." 등과 같은 질문입니다. 이런 질문을 받으면 어떻게 대답해야 할지 몰라 당황하는 사람들이 많이 있습니다. 그리고 그렇게 질문을 던지는 사람은 자신이 아주 논리적으로 상대방의 말문을 막았다고 쾌재를 부를지도 모릅니다.

그러나 이러한 질문은 데카르트와 같은 철학자들에게는 참으로 어리석은 질문입니다. 왜냐하면 그렇게 묻는 사람이 '자신이 직접 본다.'는 감각적 경험이 얼마나 제한되어 있고 얼마나 불확실한 것이지를 전혀 모르고 있기 때문입니다.

너무 어두워도, 너무 밝아도 볼 수 없고, 소리가 너무 작아도, 너무 커도 들을 수 없는 그런 감각을 통해 하나님을 자신이 직접 봐야 믿겠다는 사람에게는 그것이 얼마나 어리석은 생각인지를 깨우쳐 주는 것이 필요합니다.

이 세상에는 우리가 보고 믿을 수 있는 것이 있는가 하면 반대로 우리가 믿어야 볼 수 있는 것이 있음을 알아야 하겠습니다.

스토아학파의 금욕주의

고대 그리스 시대 소크라테스와 플라톤이 죽고 난 후 금욕주의를 표방하는 스토아학파가 나타나 당시의 철학 사조를 대표했습니다.

이 학파에 속한 사람들은 쾌락을 악한 것이라고 보고 금욕적인 삶을 미덕으로 삼았습니다. 그들은 고행(苦行) 중에 도덕적인 힘이 생긴다고 하여 고통을 선으로 보았고 이를 통해 인간이 모든 번뇌로부터 해방되기를 바랐습니다. 그러므로 도덕적인 삶이란, 금욕적인 생활을 통하여 쾌락의 유혹과 욕망의 굴레로부터 벗어나서 마음의 참된 자유를 누리는 상태를 말합니다. 그들이 말한 현자(賢者)란 인간의 삶 속에 나타나는 외적인 모든 속박을 끊어버리고 어떠한 처지에서든지 부족함을 느끼지 않고 모든 욕망으로부터 벗어나 초탈한 삶을 살아가는 자를 말합니다.

이 학파를 대표하는 디오게네스는 마음대로 굴리고 다닐 수 있는 나무통 속에서 마치 개와도 다름없는 적나라한 삶을 살았습니다. 그가 소유한 것이라고는 옷 한 벌과 물을 떠 마시는 바가지 하나뿐이었습니다.

그러나 한 번은 어떤 농부의 아들이 손으로 물을 퍼 마시는 것을 보고 나무바가지마저 버렸다고 합니다.

그는 대낮에 맨발로 등불을 켜고 다니며 양심적인 사람을 찾기도 하였습니다. 그는 인위적인 것을 철저히 거부하고 자연으로 돌아갈 것을 외쳤습니다. 그에게는 재산이나 명예는 물론 음식이나 옷, 결혼이나 예절, 사회의 관습이나 풍습 등이 아무런 의미가 없을 뿐만 아니라 오히려 자신의 자유분방한 생활을 구속하는 거추장스러운 것들에 지나지 않는 것이라고 생각했습니다. 스토아학자 가운데 한 사람인 제논도 "나에게 빵과 물만 있다면 행복에 있어 감히 제우스 신과 경쟁하겠다."라고 하며 평소 질박한 삶을 살았습니다.

스토아학파에서는 인간이 도달할 수 있는 최고의 경지를 아파테이아(apatheia)라고 불렀는데 이는 어떠한 외적인 욕망의 대상으로부터도 마음이 흔들리지 않는 부동심(不動心)의 경지를 말합니다.

이러한 경지에 도달하기 위해서는 무엇보다도 금욕적인 생활이 필요합니다. 세상 사람들이 부러워하는 쾌락이나 재물이나 명예와 같은 것들은 모두 버려야 합니다. 왜냐하면 이러한 것들은 마음을 동요케 하는 외적인 속박이 되고 모든 번뇌의 원인이 될 뿐이기 때문입니다.

동서양을 막론하고 이런 부동심이 지혜를 구하는 자들의 최고의 경지라고 생각했습니다. 불가(佛家)에서도 팔만사천 법문을 한 자로 줄이면 마음 심(心)이라 했습니다. 불교 수행자들이 수행 과정에서 일차적으로 도달하고자 하는 목표가 바로 마음이 고요한 상태입니다. 외부에서 오는 어떤 자극에도 마음이 흔들리지 않고 내면의 어떤 욕구에 의해서도 마음이 움직이지 않는 상태를 말합니다. 마음이 먼저 삼매경(三昧境)에 도달해야 깨달음의 경지에 도달할 수 있다고 본 것이지요. 염불, 참선, 108배 등은 모두 이러한 고요한 마음으로 가는 길입니다.

 스토아학자 가운데 한 사람인 에픽테토스는 이 우주 안에서의 인간의 삶을 하나의 연극에 비유합니다. 이 우주는 연극의 무대이며 인간을 연극에 등장하는 배우라고 보는 거지요. 모든 인간은 무대 위의 배우와 같이 각자 일정한 자기의 배역(配役)을 갖습니다. 누구도 이 배역을 거역할 수 없으며 또한 포기해서도 안 됩니다.
 뿐만 아니라 배우가 무대 위에서 마음대로 대사를 바꾸거나 행동할 수 없듯이 인간도 자신의 배역을 무시하고 자기 마음대로의 삶을 살아가서도 안 됩니다. 왜냐하면 배우의 배역이 연출가에 의해 결정되듯이 인생의 배역도 우주의 이법자인 신이 결정해 준 것이기 때문입니다. 그러므로 자신의 배역이 귀하면 귀한 대로, 천하면 천한 대로 묵묵히 따라야만 합니다. 자신의 배역이 희극적인 것이라고 환호하고, 비극적인 것이라고 슬퍼해서도 안 되며, 주인공의 배역을 맡았다고 좋아하고, 잠시 무대 위를 지나가는 말단 배역을 맡았다고 불평해서도 안 됩니다.
 왜냐하면 한 두 시간의 연극이 끝나면 연극에 등장했던 배우들의 배역이 아무런 의미가 없는 것과 같이 7~80년이라는 나소 긴 인생의 연극이 끝나고 나면 자신의 배역이 아무런 의미가 없기 때문입니다. 중요한 것은 자신의 배역이 무엇이든 간에 최선을 다해 그것을 감당하는 일입니다. 자신의 배역을 올바로 인지(認知)하고 자신의 능력과 기량을 최대한 발휘하여 주어진 배역을 성실하게 연출해 내기만 하면 되는 것입니다. 이것이 바로 지혜 있는 자의 삶이요 행복한 자의 삶입니다.

스토아학파의 세계관을 보면 마치 우주의 원리를 꿰뚫은 듯합니다. 그들은 인간의 분수를 알고 자족(自足)하는 지혜를 가진 자들이었습니다. 그들은 인간이 추구하는 쾌락이 결국 마음을 동요케 하는 외적인 속박이 되고 모든 번뇌의 원인이 된다는 사실도 알았습니다. 심지어 그들은 참된 자유를 누리기 위해 생사의 문제까지도 초탈해야 한다고 했습니다.

에픽테토스는 "나는 죽음을 피할 수 없다. 그러나 나는 죽음의 두려움은 피할 수 있다. 죽음에 대한 공포는 불필요한 근심에 불과하다. 왜냐하면 우리가 살고 있을 때는 거기에 죽음이 없으며 죽음이 나타났을 때는 우리는 이미 존재하지 않기 때문이다."라고 말하며 죽음조차도 가벼이 생각했습니다.

스토아철학자들이 인생을 하나의 연극에 비유하며, 인간 한 사람 한 사람이 신으로부터 받은 배역이 있고 그 배역을 성실하게 감당하는 것이 지혜로운 삶이라고 한 것은 기독교적인 세계관을 연상케 합니다.

단지 안타까운 것은 그들은 자신들의 철학 속에서 수없이 신을 언급하고, 신의 법칙을 따라 살아야 한다고 말하고 있지만 과연 그들이 말한 신이 무엇을 말하는지, 그리고 그들이 따라야 한다는 신의 법칙이 자연의 법칙 그 이상 무엇을 말하는지 분명하지 않다는 점에서 스토아철학의 한계를 느낍니다.

Chapter 7
현대인과 현대사회 무엇이 문제인가?

현대인의 고독 : 고도를 기다리며

1969년 노벨 문학상을 받은 아일랜드의 극작가 사무엘 베케트(S. Beckett)의 《고도를 기다리며》라는 작품 속에 나오는 이야기입니다.

연극이 시작되면 남루한 옷을 입은 두 늙은 남자가 무대에 등장합니다. 이 두 남자는 죽은 소나무 밑에서 고도(Godot)를 기다립니다. 고도가 누구인지, 그가 어디서, 언제 오는지, 그가 왜 오는지도 모르면서 그냥 하염없이 고도를 기다립니다.

그러나 온다는 고도는 끝내 오지 않습니다. 그렇다고 별다른 사건도 일어나지 않습니다. 두 사람은 그저 지난 일을 회상하기도 하고, 잠을 자기도 하고, 다투기도 하고, 스스로 목을 맬까 공상도 해보며 시간을 보냅니다. 아무런 변화도 일어나지 않는 권태 속에서 시간만 흘러갑니다.

1막이 내려가기 전에 한 소년이 무대에 등장하여 이렇게 외칩니다. "고도 선생님은 오늘 못 오십니다. 내일 오십니다." 그리고 1막이 마치고 2막이 시작됩니다.

2막에서도 역시 두 사람은 고도를 기다립니다. 무대 위에선 여전히 의미 없는 일들이 계속 일어납니다. 그러나 상관없습니다. 그냥 두 사람은 고도를 기다리기만 하면 되니까 말입니다. 단지 고도가 오면 무엇인가 이루어질 줄 알고 그냥 그렇게 기다리는 것입니다.

그리고 다시 소년이 등장하여 외칩니다. "고도 선생님은 내일 오십니다." 이렇게 해서 두 사람은 영원히 내일 오신다고 하는 고도를 기다린다는 것이 이 소설의 중심 내용입니다.

2차 세계대전 직후 물질적, 정신적으로 극도의 피폐함 속에서 탄생한 이 작품은 당시의 팽배했던 혼돈과 상실감을 가감 없이 드러내고 있습니다. 작가 사무엘 베케트는 이 작품을 통해 절망적인 상황 속에서도 인간의 기다림에는 희망이 존재하다는 것을 이야기 하고 있습니다.

인간은 미래지향적인 존재입니다. 현재를 살아가지만 마음과 생각은 언제나 미래에 가 있습니다. 현재가 힘들고 고통스러울지라도 미래의 소망을 꿈꾸며 현재의 어려움을 이겨내며 살아가는 것입니다. 미래를 기다린다는 것은 괜한 시간낭비가 아니라 인간의 본능적인 삶의 방식입니다. 우리가 오늘을 살아야 할 이유와 의미를 기다림 속에서 찾는 것입니다.

그러나 이 연극에서는 극이 끝나도록 결국 기다리던 고도는 오지 않습니다. 막이 끝날 때마다 "고도 선생님은 오늘 오지 않습니다. 내일 오십니다."라고 외치지만 끝내 고도는 오지 않습니다.

그렇습니다. 우리가 무턱대고 기다린다고 희망이 찾아오는 것은 아닙니다. 연극에 나오는 두 노인 같이 넋 놓고 세월을 기다린다고 자신이 소원하는 바가 찾아오거나 이루어지는 것은 아닙니다. 우리의 기다림은 보다 적극적인 기다림이어야 합니다. 어미닭이 달걀을 품고 알에서 깨어 나올 병아리를 기다리듯이 성취에 대한 확신을 가지고 기다려야 합니다.

하이데거는 그의 실존철학에서 현대인의 근본적인 기분을 '권태'라고 했습니다. 그가 말한 권태는 자신의 존재의 무의미함에 대한 느낌을 말합니다. '아무 일도 일어나지 않고, 아무도 오지 않는, 끔찍한 시공간 안에서 시간마저 흐물흐물 녹아내리게 하는 지루함'이 바로 하이데거가 말한 권태입니다. 베케트의 《고도를 기다리며》 속에 나오는 지루함도 바로 이와 같은 존재론적인 권태를 말하는 것입니다.

우리는 오늘 하루 무엇을 기다리며 살아가나요? 이번 한 주간은 무엇을 기다리며 살아가나요? 금년 한 해는 무엇을 기다리며 살아갑니까? 아니 일생동안 우리는 무엇을 기다리며 살아가야 하겠습니까?

우리가 붙잡아야 할 미래의 소망이 무엇입니까? 우리가 하나님 안에서 성취해야 할 미래의 목표는 무엇입니까? 뿐만 아니라 그 소망과 목표가 우리의 현재의 삶을 이끌어가고 있습니까? 미래가 현재의 삶의 동력인(動力因)이 되고 있습니까?

그렇습니다. 그리스도인이라면 나이가 적든 많든, 청년이든 노년이든 미래에 대한 소망을 가지고 살아가야 합니다. 나를 향하신 하나님의 선한 뜻이 무엇인지 그것을 찾아 그 길을 가려는 꿈과 목표를 가지고 살아가야 합니다. 그리고 궁극적으로는 주님의 재림과 천국에 대한 확실한 소망을 가지고 살아가야 합니다. 만일 우리에게 이러한 소망이 없다면 그것은 마치 죽은 소나무 밑에서 영원히 오지 않을 고도를 기다리는 노인과 다를 바가 없을 것입니다.

우리가 존경하는 손양원 목사님의 '주님 고대가' 일부를 소개해 드립니다. 이 노래의 가사를 보면 손양원 목사님이 얼마나 주님 오시기를 간절히 기다렸는지 그 그리움이 구구절절 배어있습니다.

낮에나 밤에나 눈물 머금고, 내 주님 오시기만 고대합니다.
가실 때 다시 오마 하신 예수님, 오 주여 언제나 오시렵니까?
먼 하늘 이상한 구름만 떠도, 행여나 내 주님 오시는가 해.
머리 들고 멀리멀리 바라보는 맘, 오 주여 언제나 오시렵니까?
신부 되신 교회가 흰옷을 입고, 기름 준비 다해 놓고 기다리오니.
도적같이 오시마고 하신 예수님, 오 주여 언제나 오시렵니까?

무한경쟁으로부터 벗어나라

 2011년 9월 17일 수백 명의 젊은이들이 뉴욕 맨해튼에 있는 한 공원에 모여 들었습니다. 그리고 그들은 이날을 '미국 분노의 날'로 정하고 '월가를 정복하라(Occupy Wall Street)'라는 구호를 외치며 데모를 시작했습니다. 그러나 이런 소규모의 데모가 한 달이 되지 못해 소셜네트워크서비스(SNS)를 통해 세계 도처에서 수만 명의 성난 군중들이 동시에 모여 한 목소리를 내게 했습니다. 그들의 목소리는 오늘날 모순된 자본주의와 이를 악용하고 있는 탐욕스러운 금융인들과 기업을 향해 있습니다.
 이들의 분노의 원인은 2008년 뉴욕 월가에서 발생한 금융위기로 거슬러 올라갑니다. 미국이나 유럽뿐만 아니라 세계 경세를 이렇게 힘들게 한 월가의 금융위기는 왜 일어난 것일까요? 그 원인은 서브프라임 모기지론(subprime mortgage loan) 때문입니다. 미국 국민들이 그동안

구입한 주택들의 가격이 폭락하여 집값이 반 토막 나버린 것입니다. 그 야말로 깡통 주택이 되어버렸는데 원인은 부실주택금융대출 때문이었습니다. 그래서 은행은 은행대로, 대출받은 소비자는 소비자대로 파산 상태에 이르고 만 것입니다.

그러나 이러한 결과를 야기한 보이지 않는 원인이 있습니다. 그것은 당시 파산한 '리먼 브라더스'나 '메릴린치'와 같은 투자은행을 움직이는 검은 손들과 이들의 손에 놀아난 수많은 사람들의 탐욕이라고 보아야 합니다.

이들은 땀 흘려 일하고 일한만큼의 대가를 기대하며 자신의 일에 충실한 자들이 아니라 무언가 단번에 일확천금을 노리는 탐욕에 눈이 어두운 자들입니다. 특히 투자은행의 CEO들은 회사가 거덜 나 파산에 직면했는데도 수천만 달러에 이르는 연봉과 이에 버금가는 스톡옵션까지 손에 쥐었습니다. 스탠리 오닐 메릴린치 회장 같은 사람은 금융위기의 책임을 지고 물러나면서도 1억 달러, 한화 1000억 원이 넘는 퇴직금을 챙겼습니다. 그래서 우리는 과연 이들이 벌어들이는 수입이 정당한가를 묻게 됩니다.

막스 베버는 그의 저서 《프로테스탄티즘의 윤리와 자본주의정신》에서 서구 자본주의의 핵심개념 중의 하나를 합리성에 두고 있습니다. 베버에 의하면 합리성이란 서구사회의 가장 보편적인 문화적 특성을 말해주는 것으로 오직 서양에서만 합리적인 사고방식과 합리적인 과학, 합리적인 자본주의가 발달했다고 말합니다. 따라서 베버의 말대로라면 오늘날의 자본주의를 평가할 때도 이러한 합리성이 하나의 기준이 되어야 합니다. 그러나 월가의 탐욕에 찬 금융인들에게서 이와 같은 합리성이나 정당성을 찾을 수 없습니다.

도대체 자본주의라는 이름하에 표출되는 한계를 모르는 인간의 탐욕의 끝은 어디입니까? 과연 미국을 비롯한 오늘날의 자본주의 시장의 메커니즘 속에서 막스 베버가 말했던 그러한 합리성은 작동할 수 없는 것일까요? "상위 1% 부유층의 탐욕 때문에 99%의 사람들이 정당한 몫을 받지 못하고 있다."는 성난 군중들의 외침에 대해 '시장경제의 효율성'을 내세우는 신자유주의자들의 대답이 얼마나 설득력이 있을지 궁금합니다.

인간은 원래가 자신의 욕구를 무한대로 키우고 이를 수단과 방법을 가리지 않고 채우려고 하는 이기적인 존재입니다. 홉스가 말한 '만인 대 만인의 투쟁'이 그때나 지금이나 똑같이 우리 마음 한 가운데 자리 잡고 있습니다. 그러나 우리는 알아야 합니다. 인간의 행복이란 반드시 자신의 욕구충족을 통해 얻어지는 것이 아니라는 것을 말입니다. 탐욕과 투쟁과 쟁취의 결과는 파국이라는 것을 알아야 합니다.

독일의 실존철학자 야스퍼스(K. Jaspers)는 인간이 피할 수 없는 한계상황 가운데 하나로 투쟁(Kampf)을 들었습니다. 마치 인간이 죽음을 피할 수 없듯이 태어나서 죽을 때까지 인간은 서로 경쟁하고 투쟁하며 살아가야만 하는 존재라는 것입니다.

그렇습니다. 어차피 자본주의 사회는 경쟁사회입니다. 그러나 경쟁을 하더라도 승자독식이나 무한경쟁이라는 경쟁만능주의가 아닌 선의의 경쟁, 공생의 경쟁도 있지 않습니까? 있는 자와 없는 자, 강자와 약자, 배운 자와 배우지 못한 자가 함께 더불어 살아갈 수 있는 장(場)을 아예 차단해 버린 듯한 오늘날의 후기자본주의사회가 현대인들의 심성을 이렇게 메말라 버리게 하고 현대인의 정신건강을 황폐하게 만들고 있습니다.

현대인들은 이웃에 대한 배려의 마음을 잃어버리고 살아가고 있습니다. 이 시대는 '피리를 불어도 춤추지 않고 슬피 울어도 가슴을 치지 않는' 시대가 되고 말았습니다. 이러한 때에 우리는 성경 말씀에 귀를 기울여야 합니다. 성경은 무엇이라고 말합니까? "잃은 양 한 마리를 찾으라." "네 구제함을 은밀하게 하라." "나는 자비를 원하고 제사를 원하지 아니하노라."라고 말씀하고 있습니다. 성경은 작은 자에 대한 관심을 누누이 언급하고 있습니다.

현대사회는 무한경쟁을 부의 축적을 정당화 시키는 최선의 방법인양 호도하고 있지만 그 결과는 파국과 공멸입니다. 성숙한 자본주의에 이르는 길은 결코 무한경쟁이 아닙니다. 부의 축적에 대한 탐욕이 무한경쟁을 낳았다면 작은 자에 대한 관심과 배려, 이것이 인간사회를 존속시킬 수 있는 유일한 대안이 될 것입니다. 성경말씀은 언제나 올바른 목적과 동시에 올바른 방법을 우리에게 말해주고 있습니다.

포스트모더니즘 무엇이 문제인가? 1

　서구 근대사회를 열어갔던 계몽주의자들에게는 역사의 흐름에 대한 낙관주의적인 생각이 깔려 있었습니다. 그들은 현재는 과거보다 좋고 미래는 현재보다 더 좋아질 것이라는 역사진화론적인 사고방식을 가졌습니다.
　그래서 근대인들은 과학의 발달이 인간과 세계의 비밀을 다 밝혀 줄 것이고, 이를 통해 인간은 지금까지 그들을 괴롭혀 온 온갖 질병과 가난과 재난으로부터 해방되어 참된 행복을 누릴 수 있을 것이라는 보랏빛 생각에 젖어 있었습니다.
　그러나 그러한 미래에 대한 희망과 믿음은 1, 2차 세계대전과 함께 현대로 넘어오면서 산산이 부서져버리고 현대인은 지금까지 인간들이 겪지 못했던 더 복잡하고 치명적인 삶의 문제들 앞에서 공포와 절망과 좌절을 맛보지 않을 수 없게 되었습니다. 이러한 현대인들의 절망과 좌절은 결국 근대, 즉 모더니즘(modernism)을 거부하고 새로운 돌파구를 찾게 하였는데 그것이 곧 포스트모더니즘(post-modernism)입니다."

 포스트모더니즘은 오늘날 철학이나 문학, 예술 등과 같은 특정 학문 분야뿐만 아니라 사회 곳곳에서 볼 수 있는 우리 사회를 지배하는 주도적이고 보편적인 문화현상입니다.

 포스트모더니즘의 특징은 여러 가지로 말할 수 있겠으나 쉽게 말한다면 '탈 획일, 탈 형식, 탈 권위, 탈 진리, 탈 절대...' 이런 말들로 부를 수 있을 것입니다. 지금까지 내려오던 모든 권위와 형식, 절대적인 진리와 가치 등을 모두 부인하고, 해체하고, 벗어나겠다는 것을 말합니다.

 그래서 오늘날 젊은 세대들은 이전 세대와는 달리 부모님이나 선생님의 권위, 또는 국가나 국가 지도자의 권위를 인정하려 들지 않습니다. 뿐만 아니라 지금까지 내려오던 기존의 모든 전통이나 질서, 가치체계도 부정하려고 듭니다.

 포스트모더니즘의 징조는 일찍이 19세기 말 독일의 철학자 니체(F. Nietzsche)에게서 나타납니다. '망치를 든 철학자'라는 별명을 가진 니체는 신의 죽음을 외치면서 기존의 모든 가치를 허물어뜨리려 했습니다. 니체는 예수님 탄생 이후 2천년 동안 이어져 온 서구의 모든 기독교적인 질서와 전통, 도덕과 윤리, 철학과 사상 등을 모두 파괴하고 그 자리에 새로운 것을 창조하려고 했습니다.

 그가 말한 초인(Übermensch)이란 한 마디로 말하면 새로운 가치를 세우려는 창조자를 말합니다. 새로운 것을 세우기 위해서는 기존의 것을 부인하고 파괴해야 합니다. 초인이 "신은 죽었다(Gott ist tot)."라고 외쳤을 때 그 말은 종래에 인습적으로 내려오던 기독교적인 모든 것을 거부하고 그 자리에 새로운 질서와 가치를 창조하겠다는 것을 의미했습니다.

이러한 몸부림을 통해 현대인들은 모더니즘을 거부하고 그 자리에 과거 인류가 상상도 할 수 없었던 엄청난 새로운 것들을 창조했습니다. 그것은 20세기형의 새로운 바벨탑이었습니다. 정보화의 바벨탑, 하이테크놀로지의 바벨탑, 엔터테인먼트의 바벨탑, 글로벌금융의 바벨탑들을 쌓아 올렸습니다.

그러나 문제는 이러한 포스트모더니즘의 화려한 바벨탑 위에 건설된 오늘날의 세상 역시 우리를 행복하게 해주지 못한다는 점입니다. 새로운 것을 찾기 위해 옛것을 버렸는데, 그리고 그 자리에 가공할 만한 사이버공간(cyber space)의 새로운 문명을 건설했는데 그 새로움 속에서 옛것에서 볼 수 있었던 본질적인 가치도, 아름다움도, 미덕도 찾을 수 없다는 것입니다.

오늘날 이 세상은 전에 볼 수 없었던 폭력과 테러와 전쟁 속에서 신음하고 있습니다. 예전보다 더 참혹한 질병과 가난과 기아 속에서 고통을 겪고 있습니다. 왜 현대인들은 종전에 볼 수 없었던 물질적 풍요 속에서 이러한 빈곤에 시달려야 하며, 그렇게 놀라운 의술의 발달 속에서 참혹한 질병에 몸부림쳐야만 합니까?

그것은 바로 현대의 물질문명과 과학기술의 오만 때문입니다. 신의 죽음을 외쳤던 현대인들이 돈과 물질과 과학기술을 우상화하였기 때문입니다. 현대인들에게는 인간이 만든 물질문명이 신앙이 되어버렸습니다. 현대인들은 인간의 능력을 하나님의 능력에 대신하려고 했습니다. 그들은 지금도 여전히 '하나님과 같이 되기 위해' 선악과를 따먹는 죄악을 범하고 있는 것입니다. 그러나 성경은 무엇이라고 말씀하고 있습니까?

"하나님의 미련한 것이 사람보다 지혜 있고 하나님의 약한 것이 사람보다 강하니라."라고 말씀하고 있습니다. 현대인들은 첨단과학이 쌓아올리는 눈부신 바벨탑을 통해 새로운 유토피아를 건설하려고 하지만, 하나님의 영역을 부인하는 죄의 결과는 고통과 수고뿐입니다.

이런 측면에서 볼 때 아인슈타인의 다음과 같은 말은 의미 있는 말이라 하겠습니다. "종교 없는 과학은 절름발이이고, 과학 없는 종교는 눈이 멀었다."

하나님을 외면한 현대과학이 절름발이 모습을 벗어날 수 있는 길은, 그리고 신의 죽음을 외치고 인간의 자유와 권리를 되찾겠다고 외치는 포스트모더니즘의 혼돈된 가치관 속에서 벗어날 수 있는 길은 오직 창조자 하나님 앞에 인간이 자기존재와 자기능력의 한계에 대한 분명한 인식을 갖는데 있습니다.

포스트모더니즘 무엇이 문제인가? 2

한때 많은 국민들의 시선이 주말이면 〈나는 가수다〉에 쏠리곤 했습니다. 매주 주말이면 대중적인 인기가 있는 7명의 가수들이 500명의 청중평가단 앞에서 혼신의 힘을 다해 열창하고, 청중들은 이들의 노래에 때로는 숨죽이며 감동하고 때로는 눈물을 흘리며 열광했습니다.

여기에 나오는 대부분의 가수들은 당시 급작스레 인기를 얻은 자들이 아닙니다. 그들은 가수 경력이 족히 십 수 년이 넘어 각자 나름대로 대중적 지지층을 가지고 있는 자들입니다.

이런 7명의 가수들이 두 번에 걸쳐 실력을 겨루어 한 명의 꼴찌를 탈락시키고 새로운 가수를 무대 위에 등장시킵니다. 지금은 어떻게 하는지 모르겠으나 '나 가수' 초기에는 이렇게 했습니다. 이 프로그램이 공전의 폭발적인 인기를 얻게 된 이유는 이들 가수들이 갖는 특유의 매력이나 방송사의 마케팅 전략만은 아닙니다. 오히려 진짜 이유는 한 마디로 말해 '진정성'이 아닌가 싶습니다.

　요즈음 K팝이라 불리며 국내외에서 인기몰이를 하고 있는 아이돌 그룹에서는 보기 어려운 가수의 진정성에 대한 매력이 청중과 국민들을 열광시킨 듯합니다. 이들은 무대 위에서 현란한 몸놀림도 없고 아이돌 그룹에서 볼 수 있는 획일 된 춤동작도 없습니다.

　그러나 이들의 노래 속에는 청중들의 가슴을 울리는 진한 감동이 있고 가수로서의 삶의 스토리가 있습니다. 그동안 무대 위의 화려함과 흥겨움만 주는 아이돌 가수들에 식상한, 그래서 가요에 무관심하던 층들이 대거 이들의 노래와 가창력에 심취하여 공감을 불러일으켰던 것이 이 프로그램이 성공한 이유가 아닌가 싶습니다.

　그렇습니다. 현대사회는 진정성을 잃어버린 사회이고 그래서 그 진정성에 목말라 하는 사회입니다. 오늘날 우리는 매스미디어의 발달과 더불어, 특히 TV의 등장과 함께 내면의 진실성이 아닌 외형의 화려함에 더 많은 관심을 갖습니다. 여기서는 본질이 중요하기보다 어떻게 보이는가가 더 중요합니다. 이미지가 실재와 동일시되는 것입니다.

　이런 외향과 외모 지향적인 현상이 인간의 삶과 사고방식 가운데도 잠식되어가고 있습니다. 현대인은 온통 겉치레에 신경 쓰느라 내면의 세계를 들여다볼 여유가 없습니다. 인간을 둘러싼 주위 환경은 우리의 관심을 잠시도 우리 자신에게 돌리지 못하게 합니다.

　우리의 눈은 혼자 있을 때도, 사람들 속에 있을 때도 항상 스마트폰 화면에 꽂혀 있습니다. 우리의 귀도 이어폰을 꽂아놓고 촌음의 시간도 놓치지 않고 정보를 입수하는데 집중하고 있습니다. 그래서 우리의 마음은 언제나 외부세계와의 접촉 때문에 스스로 마음의 여유를 가질 시간이 없습니다. 현대인들은 자기성찰의 시간을 잃어버렸습니다.

도대체 현대인들은 자신의 존재기반을 어디에 두고 살아가는 것일까요? 포스트모더니스트들은 우주가 비어 있다고 말해 왔습니다. 그래서 이 우주에는 중심이 없다고 말합니다. 절대적 진리도 존재하지 않습니다. 모든 사람들이 따라야 할 도덕적 · 사회적 규범 같은 것도 없습니다. 우리를 통제하거나 구속할 어떤 외적인 권위도 질서도 없습니다. 그래서 우리는 실로 '자율성의 시대'에 살고 있다고 외칩니다.

이러한 시대적 상황에 살아가고 있는 현대인은 자신의 존재를 귀속시킬 존재의 집을 잃어버리고 미아처럼 살아갑니다. 현대 복음주의 신학자 데이비드 웰스(D. F. Wells)는 이러한 어두운 현대적 상황과 이 속에서 살아가는 현대인을 가리켜 '텅 빈 우주'와 '고갈된 자아'라는 말로 묘사하고 있습니다.

실존주의 철학자들은 인간이 이와 같은 공허 속에서 자기성찰에 대한 물음을 던질 때 비로소 자신의 실존의 문제에 직면하게 된다고 합니다. 독일의 실존주의 철학자 야스퍼스는 인간의 사유가 어떤 절대적이고 근원적인 것에 도달할 때는 다음과 같은 실존적인 물음을 던신나고 했습니다.

존재란 무엇인가?
나는 누구인가?
어째서 무엇이 있고 무(無)는 없는가?
어떤 방법으로 존재를 사고해야 하는가?

이러한 존재물음과 이에 대한 탐구는 언제나 우리를 벽에 부딪치게 하고 우리로 하여금 한계의식(限界意識)을 느끼게 합니다. 그러나 우리가 삶의 외면성으로부터 내면성을 회복한다는 것은 자신의 실존에 대한 본질적인 물음과 이에 대한 대답을 얻을 때만이 가능합니다. 왜냐하면 이러한 대답 속에 삶의 진정성이 담겨져 있기 때문입니다.

그러나 문제는 과연 이러한 존재물음에 대해 실존철학에서는 분명한 대답을 줄 수 있을까, 하는 것입니다. 야스퍼스는 앞에서 던진 물음들에 대해 인간은 언제나 한계의식을 느낀다고 했습니다. 한계의식을 느낀다는 것은 바로 분명한 대답을 얻지 못한다는 말과 같습니다. 알듯 알듯하면서도 결국은 모르겠다는 것입니다.

그렇습니다. 인간과 세계에 대한 존재물음에 대한 근본적인 대답은 세상지식으로부터는 얻을 수 없습니다. 철학은 끊임없이 물음을 던지고 진지한 탐구를 하지만 명확한 대답은 주지 못합니다. 그 대답은 오직 성경을 통해서만 얻을 수 있습니다. 왜냐하면 성경은 바로 존재의 근원이요 모든 존재를 창조한 하나님 말씀을 기록한 책이기 때문입니다.

포스트모더니즘 무엇이 문제인가? 3

 현대사회와 현대인들을 병들게 하고 있는 원인 가운데 하나는 걷잡을 수 없는 변화의 물결이라 하겠습니다. 흔히 현대 정보사회를 가리켜 그 변화의 속도가 너무 빨라 '급변하는 사회(fast growing society)'라고 부릅니다. 빌 게이츠도 그의 저서 《생각의 속도》에서 현대사회를 우리가 미처 시대의 변화를 감지하기도 전에 또 다른 세상이 우리 앞에 전개되리만큼 급변하는 '광속의 시대'라고 부르고 있습니다.

 빌 게이츠는 현대인들이 불안공포증에 빠져 있는 것은 시대와 사회는 이렇게 빠른 속도로 변화하고 있지만 우리의 생각의 속도는 이를 따라가지 못하기 때문이라고 했습니다. 인간이 느끼는 모든 불안과 갈등과 혼란은 주위 상황과 우리의 생각이 균형을 잃을 때 발생하는데 현대인들이 변화의 와중에서 허둥대는 것은 모두 이런 이유 때문입니다.

 예를 들어 우리가 직접 차를 운전할 때는 차의 속도가 빨라도 그것을 빠르게 느끼지 않습니다. 그것은 운전자의 생각의 속도가 차의 속도와 함께 가기 때문입니다. 그러나 옆에 앉은 사람의 경우 자신의 생각의 속도와 차의 속도가 일치하지 않기 때문에 차가 너무 빨리 달린다는 불안을 느끼게 되는 것입니다. 그래서 남편이 운전하면 옆에 앉은 아내가 차를 너무 빨리 몬다고 항상 잔소리를 하게 되는 것이지요.

어쨌든, 현대인들의 생각의 속도가 사회 변화의 속도를 따라가지 못하는 것은 사실입니다. 그리고 빌 게이츠의 진단대로 그것이 현대인들의 불안의 원인이라는 것이 사실일지도 모릅니다.

그러나 그렇게 되어서는 안 됩니다. 생각의 속도가 변화의 속도를 따라가는 것이 아니라 생각의 속도가 변화의 속도를 이끌어가야 합니다. 왜냐하면 그렇지 않을 때는 우리는 변화의 방향이 어디를 향하고 있으며 변화의 목적이 무엇을 위함인지에 대한 대답을 얻을 수 없기 때문입니다.

현대사회의 화두가 변화인 것은 사실입니다. 대학도 기업도, 정치도 경제도 모두 "변해야 산다."라고 변화를 외치고 있습니다. 그러나 변화의 목적과 방향도 없이 변화만을 외쳐대는 것은 참으로 무서운 말입니다. 목표와 방향이 없는 변화는 칠흑 같은 대해(大海)에서 조각배가 태풍에 요동치며 어디론가 급히 떠밀려가고 있는 것과 다를 바가 없습니다.

변화의 소용돌이 속에서 우리가 알아야 할 것은 모든 것이 변화해도 변화의 중심은 변화하지 말아야 하고, 변화를 이끄는 변화의 기준과 목표는 변화하지 말아야 한다는 것입니다. 모든 것이 변해도 변하지 말아야 할 것은 변하지 말아야 합니다.

그러나 작금의 우리 사회는 무질서와 무원칙의 변화, 혼란과 혼돈의 변화, 투쟁과 갈등으로 치닫는 변화가 휘몰아치고 있습니다. 변화에 변화가 꼬리를 물고, 변화를 위한 변화가 오늘도 우리를 예측 불가능한 세계로 몰아넣고 우리를 불안하게 만들고 있는 것입니다.

일찍이 영국의 역사가 아놀드 토인비(A. Toynbee)는 "물질문명은 토끼처럼 뛰어가는데 정신문화는 거북이처럼 그 뒤를 따라간다."라고 걱정스럽게 진단했습니다. 거대하고 화려하게 진보하는 물질문명과 더디고 초라하게 뒤따르는 정신문화의 갭(gap)은 현대인들의 정신건강을 병들게 하고 있습니다. 독일의 실존주의 철학자 하이데거(M. Heidegger)가 현대인들의 근본적인 기분을 불안(Angst)이라고 한 것이 어쩌면 이러한 사회를 예측하고 말한 것인지도 모르겠습니다.

그렇다면 과연 변화하는 가운데 변화하지 않는 것이 무엇일까요? 모든 것이 변해도 그것만은 절대로 변하지 않는 것이 무엇이 있을까요? 우리는 이런 것을 가리켜 진리라고 합니다. 지식은 끊임없이 바뀌고 발전해도 진리는 세상 지식처럼 변하는 것이 아닙니다.

덴마크의 실존주의 철학자 키르케고르(S. Kierkegaard)는 이러한 진리를 찾기 위해 일생동안 깊이 고뇌했던 철학자였습니다. 그는 자신의 철학의 목적을 '내가 그것 때문에 살고 죽을 수 있는 진리' '이 세계가 허물어져도 내가 거기에서 떨어질 수 없는 진리' '실존의 내면성 속에 깊이 간직되어 그의 영혼을 움직이는 진리'를 찾는데 두었습니다. 그리고 그는 이러한 진리를 찾는 자신의 마음을 이렇게 표현했습니다.

내 혼은 아프리카의 사막이 물을 기다리는 것처럼 생생하게 나에게 스며들어와 나의 주체적인 진리가 될 수 있는 것을 갈급하게 찾고 있다.

우리 스스로를 돌아볼 때, 과연 우리는 키르케고르와 같이 우리에게 영원한 진리가 무엇인지를 찾기 위해 이렇게 간절한 심령을 가져본 적이 있습니까?

영원한 진리를 대면하고자 했던 키르케고르의 갈급한 마음은 마치 시편 기자의 노래를 연상시킵니다(시편 42:1).

하나님이여 사슴이 시냇물을 찾기에 갈급함 같이 내 영혼이 주를 찾기에 갈급하나이다.

그렇습니다. 아무나 영원한 진리를 대면할 수 있는 것은 아닙니다. 오직 그 진리에 대한 목마른 갈망이 있는 자만이 진리 앞에 설 수 있는 것입니다. 그리고 변치 않는 진리를 소유한 자만이 급박하게 휘몰아치는 변화의 와중에서 견고하게 중심을 지키며 자기의 길을 갈 수 있는 것입니다.

Chapter 8
초월자에 대한 철학적 인식의 한계

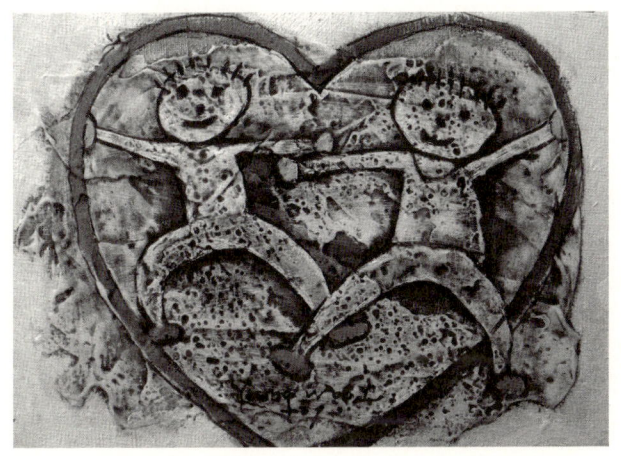

현대인들은 신을 어떻게 생각하나?

오늘날 현대인들은 신을 어떻게 생각하고 있을까요? 그들은 신에 대한 어떤 의구심을 가지고 있을까요?

먼저 현대인들은 "신은 존재하는가?"라는 물음을 던지기를 꺼려합니다. 그 이유는 현대인들의 사유 지평이 어떤 본질적이고 궁극적인 존재 영역과는 구별된, 오직 현실세계에 안주하려는 경향과 관련이 있습니다. 그들은 신 문제와 같은 거대담론 자체를 부담스러워합니다. 현대인들은 실존, 의미, 가치, 진리, 이념 등에 대한 진지한 반성적 사고는 현대인의 기질에 맞지 않는다고 생각합니다. 현대문명에 길들여진 그들은 오직 현실의 즉물적(即物的)인 만족과 쾌락을 구하는 데에만 관심을 가질 뿐입니다.

현대인들이 신 문제와 같은 절대적이고도 궁극적인 가치를 외면하고 그들의 사유를 공허하게 몰아가는 원인을 몇 가지로 간추려보겠습니다. 첫째는 무엇보다 과학기술의 발달과 함께 근대 계몽주의가 꿈꾸던 미래에 대한 지극히 낙관적인 전망 때문으로 여겨집니다. 근대인들은 인류의 미래가 눈부시게 발전하는 과학기술에 의해 행복이 보장되리라고 확신했습니다. 과학이 인간의 모든 문제를 해결해 주리라는 이와 같은 과학에 대한 맹신이 신에 대한 철학적 사유를 무의미하게 만들어 놓은 것입니다.

둘째는 근대 자본주의의 시작과 더불어 만연된 물신주의(物神主義) 때문입니다. 현대사회는 자본주의 시장경제원리가 지배하는 사회입니다. 각종 문명의 이기(利器)를 통해 자신의 욕구를 채우며 온갖 물질적 풍요를 누리는 현대인들에게는 오직 경제적인 부(富)가 가치척도의 유일한 기준이 되었습니다. 굳이 신을 최고 가치로 상정할 필요가 없게 된 것입니다.

셋째는 현대인들의 실용주의적 사고방식 때문입니다. 실용주의 안에서 사유란 행위를 낳기 위한 수단에 불과합니다. 그리고 중요한 것은 그 행위가 가져오는 실질적인 효과입니다. 따라서 실용주의에 있어서는 진리 자체라든가 영원한 진리와 같은 것은 별 의미가 없습니다. 진리가 어떤 이익이나 효과를 산출하는가, 라는 '기능적 가치'에만 관심을 가질 뿐입니다.

넷째는 현대사회에 만연한 포스트모더니즘 영향 때문입니다. 포스트모더니즘의 가장 큰 특징 가운데 하나는 전통의 해체와 가치의 상대화에 있습니다. 기존의 모든 문화, 종교, 철학, 예술 등을 해체하는 동시에 지금까지 인류가 추구해왔던 가치를 부인하고 절대적인 가치를 배척합니다. 여기서는 다원화된 사회에 다원화된 가치가 있을 뿐이므로 신의 문제와 같은 어떤 절대적이고 궁극적인 가치는 논외(論外)의 장으로 밀려나고 맙니다.

다섯째는 퇴폐적이고 향락주의적인 전도된 가치관 때문입니다. 욕망의 법칙에 따라 살아가는 현대인들은 인간성 황폐화 현상과 도덕적 타락 현상을 그리 심각하게 받아들이지 않습니다. 특히 오늘날 인터넷과 매스미디어의 강력한 영향력은 도덕적 위기상황을 부채질하고, 진리와 선의 가치기준을 무너뜨리며 현대인들을 저급한 향락문화에 빠져들도록 끊임없이 유혹합니다.

그러나 이러한 시대적 상황 아래에서도 오늘날 우리에게는 신의 문제에 대한 물음은 여전히 유효합니다. 앞에서 살펴본 것과 같이 근대가 태동할 무렵 사람들은 과학기술의 발달이 인류 미래의 행복을 보장해 주리라고 확신했지만 1,2차 세계대전을 겪으면서 이러한 생각들이 얼마나 무모한 생각이었는지, 근대주의에 대한 새로운 반성이 일어나게 된 것입니다.

과연 과학이 인류의 미래에 행복을 보장할 수 있는가?
아직도 우리는 과학이 인간의 모든 욕구를 충족시켜줄 수 있다고 믿고 있는가?
과학이 오늘날 인간의 모든 문제들, 특히 인간성 상실, 도덕적 퇴폐, 삶의 무의미, 가치관의 혼돈, 인륜(人倫)의 부재, 여기서 더 나아가 지구환경의 파괴, 문명 간의 충돌, 핵무기의 공포 등과 같은 문제들을 과학이 해결해 줄 수 있다고 생각하는가?

우리는 이러한 물음 앞에 진지한 반성적 사고가 있어야 합니다. 현대 과학기술은 인간의 삶을 도구적 합리성과 효율의 극대화라는 측면에서만 파악할 뿐 인간 존재 자체가 갖는 본질적인 의미와 가치에 대해서는 아무런 관심도 없을 뿐더러 아무런 대답도 줄 수 없습니다. 왜냐하면 신의 존재 문제는 과학의 몫이 아니기 때문입니다. 과학은 가치중립적입니다. 특히 신 문제에 있어 과학은 신을 긍정할 수도 부정할 수도 없습니다.

독일의 현대철학자 후설(E. Husserl)은 현대를 가리켜 '인간의 총체적 위기'의 시대라고 진단했습니다. 프랑스의 철학자 베르그송(H. Bergson)도 현대를 '거대한 육체에 영혼은 한없이 메마르고 허약한 모습을 한 기형적인 인간'과 같은 시대라고 지적합니다.

엄청난 경제적 풍요 속에서, 눈부신 과학기술의 혜택 속에서, 고도의 물질문명의 번영 속에서 현대인들이 이와 같은 메마르고 황폐한 삶을 살아가야만 하는 이유는 신의 부재(不在), 곧 바로 그들의 마음속에 하나님 두기를 싫어했기 때문입니다.

"또한 그들이 마음에 하나님 두기를 싫어하매 하나님께서 그들을 그 상실한 마음대로 내버려 두사." 로마서(1:28)에 나오는 말씀이 바로 정답입니다. 현대철학자들이 한결같이 주장했던 현대인과 현대사회의 무질서와 공허함은 모두 신에 대한 물음을 잃어버렸기 때문입니다.

무신론에 대한 증명은
논리적으로 불가능하다

우리는 흔히 무신론은 과학적이고 유신론은 비과학적이라고 하는데 사실은 그렇지 않습니다. 무신론에 대한 주장은 논리적으로 볼 때 불가능합니다. 다음과 같은 예를 잘 생각해 보십시오.

어느 무인도에 두 사람이 상륙했다고 합시다. A는 이곳에 사람이 산 적이 있다고 주장하고 B는 사람이 한 번도 산 적이 없다고 주장합니다.

이 두 사람의 주장 가운데 만일 사람이 산 적이 있다고 한 A의 주장이 옳다는 것을 증명하기 위해서는 그 무인도에서 사람이 살았던 흔적을 한 가지만 발견하면 됩니다.

예를 들면 섬 해안가 어느 곳에선가 사람 발자국 하나, 불을 피운 흔적, 밥을 해먹다 남긴 쌀 몇 톨, 녹슨 칼이나 수저, 수건이나 비누 조각 하나, 종이나 연필 토막 등, 이 가운데 무엇이든 하나만 발견하면 그 섬에 사람이 살았다는 것이 증명되는 것입니다.

그러나 그 섬에 한 번도 사람이 살았던 적이 없다고 한 B의 주장을 정당화시키기 위해서는 그 넓은 해안가를 다 뒤지며 혹시 사람의 발자국이 있는지를 세밀히 살펴봐야 합니다. 그리고 해안가뿐만 아니라 섬 내륙도 샅샅이 살펴봐야 합니다. 또 온 숲속을 이 잡듯이 뒤져봐야 하고, 땅 속도 파 보아야 합니다. 혹시 먹다 남은 음식을 땅속에 묻어두었을지 모르니까 말입니다. 그래서 그 어느 곳에서도 사람이 살았던 어떤 흔적도 없음을 증명해야 합니다.

그러나 이 증명은 불가능합니다. 예를 들어 제주도만한 섬 가운데서 녹슨 칼 하나, 연필 토막 하나 없다는 것을 어떻게 증명하겠습니까? 어떻게 한라산과 같은 산 속에서 먹다 남긴 쌀 몇 톨 있는지를 찾겠으며, 어떻게 그 산 속을 다 파헤쳐 본 후 사람의 흔적이 없음을 증명해 보이겠습니까? 그 뿐입니까? 최근에 사람이 살지 않았다 하더라도 몇 십 년, 몇 백 년 전에도 사람이 살지 않았다는 것을 증명해야 하니 이것은 불가능한 일입니다.

신의 존재를 증명하는 것도 이와 같습니다. 만일 신이 존재한다는 것을 증명하기 위해서는 이 우주 안에 신이 존재한다는 흔적을 한 가지만 발견하면 됩니다. 우주 어디에서건 말입니다.

그러나 신이 존재하지 않는다는 것을 증명하기 위해서는 이 지구와 태양계는 물론 우주의 모든 곳에서 신의 자취와 흔적이 없음을 증명해야 합니다. 그리고 나아가서는 지금은 신이 없지만 예전에도 신이 있었다면 안 되니 전 우주의 역사를 통해 신이 없었다는 것을 증명해야만 합니다. 따라서 이러한 무신론에 대한 증명은 논리적으로 불가능합니다. 만일 무신론을 증명하려면 신과 같은 전지전능자만이 가능할 것입니다.

따라서 '이 섬이 무인도다.'라고 말할 수 있는 것은 '아마도 이 섬은 무인도일 것이다.'라고 추측해서 '이 섬은 무인도다.'라고 가정할 수 있을 뿐입니다. 이와 같이 '신이 존재하지 않는다.'는 것도 '아마 신이 존재하지 않은 것 같다.'와 같이 추측하고 가정할 수 있는 문제일 뿐 이를 합리적으로 설명하거나 단언할 수 있는 것은 아닙니다.

학교에서 과학시간에 가르치는 진화론도 사실은 비합리적인 내용이 너무나 많습니다. 원숭이가 진화되어 인간이 되었다는 진화론은 마치 로봇이 진화되어 원숭이가 되었다는 것과 같이 이해하기 힘든 주장입니다. 왜냐하면 생명이 없는 로봇과 생명이 있는 원숭이는 비교의 대상이 될 수 없는 것과 같이 영혼이 없는 원숭이와 영혼이 있는 인간은 비교의 대상이 될 수 없는 것이기 때문입니다.

즉 생명이 없는 물질인 로봇이 진화되어 생명을 가진 원숭이가 될 수 없는 것과 같이 영혼이 없는 원숭이가 진화되어 영혼을 소유한 인간이 된다는 것은 있을 수 없는 일입니다. 이것은 본질적으로 불가능한 일입니다.

원래 진화론이란 생물의 종(種)이 과거로부터 현재에 걸쳐 불변하는 것이 아니라 점차 변화하고 발전해 간다는 이론을 말합니다. 즉 신화된 생물이 주위의 환경 속에서 생식을 통하여 대를 이어가는 사이에 변화해 가는데 일반적으로 그 구조나 기능이 단순한 것으로부터 복잡한 것으로, 저능한 것으로부터 고등한 것으로, 적은 수의 종류로부터 많은 수의 종류로 발전하고 분화되어 간다는 것을 의미합니다.

예를 들어 깊은 바다 속의 물고기들이 물속이 어두워 잘 보이지 않기 때문에 더 잘 보기 위해 두 눈망울이 툭 튀어나온다든지, 그것도 모자라 눈은 점점 퇴보되어 보이지 않게 되고 대신 촉수가 발달되어 눈의 역할까지 하는 경우를 말합니다. 그래서 자기를 잡아먹기 위해 오는 천적을 멀리서도 그 촉수로 물결의 파장을 감지하여 도망하는 경우가 진화의 대표적인 케이스입니다.

만일 어떤 사람이 자동차나 비행기를 설명하는데 "어떤 쇠붙이 하나가 있었는데 이 쇠붙이가 점점 진화하여 어느 날 갑자기 우연히 나사가 생기고, 스프링이 생기고, 볼트가 생기고, 점점 더 진화되어 수백, 수천 개의 부품들이 생기더니, 이러한 부품들이 어느 순간 우연히 스스로 조립되어 자동차가 되고, 비행기가 되었다."라고 설명한다면 그 설명이 이해가 가겠습니까?

차라리 그러한 설명보다는 누군지는 모르나 어떤 탁월한 능력을 가진 기술자가 그의 능력으로 자동차나 비행기를 만들었다고 믿는 것이 훨씬 더 합리적이라고 생각하지 않습니까?

이와 마찬가지로 이 우주나 인간도 우연히 존재하고 우연히 진화 되었다기보다 차라리 전능한 신에 의해 창조되었다고 믿는 것이 더 합리적이고 이해하기가 쉬울 것입니다.

막연히 무신론이나 진화론은 과학적이고 유신론이나 창조론은 비과학적이라고 생각하는 것은 잘못된 선입관 때문에 생긴 오류입니다.

범신론과 이신론의 맹점

　많은 철학자들은 이 세계의 궁극적인 존재가 무엇인가를 묻고 탐구합니다. 철학에서는 이러한 궁극적인 존재를 실체(實體)라고 합니다. 단순한 하나의 사물이나 물체가 아닌 존재하는 모든 것을 포괄하고, 존재하는 모든 것의 근거와 본질이 되는 순수존재(純粹存在)를 말합니다.
　근대의 대표적인 철학자 스피노자(B. d. Spinoza)는 이 세계의 실체를 자연이라고 했습니다. 물론 이때 그가 말한 자연이란 강과 산과 바다, 또는 해와 달과 별과 같은 그런 대상적 존재로서의 자연을 말하는 것은 아닙니다. 이런 것은 자연의 한 형태, 곧 자연의 한 모습에 불과한 것이지 실체로서의 자연은 아닙니다.
　스피노자가 말한 실체로서의 자연은 자연이라기보다는 자연의 질서를 말하며, 세계라기보다는 세계의 원리를 말하고, 우주리기보다는 우주의 이법(理法)을 말합니다. 스피노자는 이러한 자연의 질서, 세계의 원리, 우주의 이법을 신(神)이라고 불렀습니다.

스피노자는 신은 인간과 세계를 초월하여 존재하는 것이 아니라 이 세계와 자연 속에 내재(內在)해 있다고 보았습니다. 그는 그의 철학적 혜안(慧眼)을 통해 이 세계와 자연 속에 내재하는 영원불변하는 자연의 질서와 법칙, 곧 우주의 원리 속에서 신성(神性)을 볼 수 있다고 했고 그것을 신이라고 불렀습니다.

 신이 따로 있고 자연이 따로 있는 것이 아니라 신 속에 자연이 있고 자연 속에 신이 있다고 본 것입니다. 스피노자에 있어서 신은 곧 자연이요 자연은 곧 신입니다. 자연과 신은 하나라고 하는 사상을 철학에서는 범신론(汎神論, pantheism)이라고 합니다.

 스피노자의 신은 '하나의 광막한 대자연의 체계'라고 보면 됩니다. 그리고 이때의 자연은 분명히 물질적인 대상이라기보다는 오히려 정신적인 실체로 보는 것이 타당할 것입니다. 스피노자는 우주의 궁극적인 실체는 물질과 정신이라는 두 개의 속성을 가진다고 했습니다. 마치 하나의 동전이 양면을 갖는 것과 같이 실체를 외면적으로 파악할 때는 물질적인 모습으로 나타나고 내면적으로 파악할 때는 정신적인 모습으로 나타난다는 것입니다.

 그리고 마치 인간의 육체와 정신이 어디까지가 육체이고 어디까지가 정신인지 명확히 구분할 수 없는 것처럼 자연에 있어서도 물질과 정신이라는 두 측면을 명확하게 구분할 수 있는 선을 그을 수 없다는 것이 스피노자의 주장입니다. 그는 자연의 이러한 양면적인 모습을 "신성은 자연의 내재성(內在性)이요 자연은 신성의 외재성(外在性)이다."라는 말로 표현했습니다. 자연은 신성을 그 속에 가지고 있으며 반대로 신은 자연이라는 외형을 가진다는 뜻입니다. 스피노자는 이런 그의 범신론 사상을 '우주는 신의 몸이요 신은 우주의 정신'이라는 말로 요약합니다.

근대가 시작된 후 기독교 신앙과 관련이 있는 또 하나의 철학 사조가 있습니다. 그것이 바로 이신론(理神論, deism)입니다. 근대 계몽주의자들이나 당시의 과학자나 철학자들이 신봉했던 신앙이고 철학사상입니다. 이신론자들은 신을 믿되 이성이 허용하는 한도 내에서 신을 믿고, 성경을 받아들이되 이성이 허용하는 한도 내에서 성경을 받아들이려고 했습니다.

그들은 신의 존재와 신이 이 세상을 창조했다는 것을 믿습니다. 왜냐하면 그들은 인간과 이 세계가 어떻게 존재하게 되었는가에 대해 과학적으로는 도저히 설명을 할 수 없었기에 창조자로서의 신을 믿을 수밖에 없었던 것입니다. 그러나 이들은 신이 이 세상과 인간을 다스리고 통치한다는 섭리자(攝理者)로서의 신을 믿지는 않았습니다.

그들은 이 세상은 마치 시계공이 시계를 만들었으나 그 시계는 더 이상 시계공의 지배를 받지 않고 스스로 움직이고 작동하듯이 이 세상도 신이 창조하였으나 자연법칙에 따라 스스로 움직이고 작동한다고 보았습니다. 신이 이 세상을 창조할 때 이미 이 세상의 운행원리까지도 함께 창조했다는 것이지요.

이신론자들은 성경도 그들의 이성적인 판단에 따라 이해 가능한 부분들만 믿었습니다. 홍해가 갈라졌다거나, 여리고 성이 무너졌다거나, 예수님이 행한 여러 기적들과 같은 초자연적인 사건들은 믿지 않았습니다.

그렇다면 이러한 범신론이나 이신론에 나타난 맹점이 무엇일까요? 한 마디로 말씀드리면 범신론은 신을 믿되 내재적인 신만 믿었지 초월적인 신을 믿지 못했고, 이신론은 반대로 초월적인 신만 믿었지 내재적인 신은 믿지 못한 것입니다.

우리가 믿는 하나님은 이 세상 안에만 존재하는 것이 아니라 이 세상을 초월하여 하늘 보좌에서 인간과 이 세상을 창조하고 지금도 다스리고 섭리하고 있는 하나님이십니다.

동시에 하나님은 성령으로 우리 각인의 마음속에 내주(內住)하는 하나님입니다. 그래서 우리의 믿음을 세우기도 하시고, 세상을 이길 능력도 주시고, 우리의 상한 마음을 위로해 주기도 하십니다. 하나님의 초월성과 내재성을 함께 인정하고 믿는 신앙이 올바른 신앙입니다.

유물론을 받아들일 수 있나?

철학이 관심을 가지고 탐구하고자 하는 대상은 인간과 인간이 살아가고 있는 세계입니다. 인간은 무엇이고 이 세계는 어떤 존재인가? 이에 대해 근본적인 대답을 얻고자 하는 것이 바로 철학의 목적입니다. 그리고 철학 가운데 이런 문제를 탐구하는 분야를 존재론(存在論) 또는 형이상학(形而上學)이라고 합니다.

철학의 역사 속에서 형이상학에는 두 개의 대립된 이론이 존재해왔습니다. 하나는 유심론(唯心論)이고 하나는 유물론(唯物論)입니다. 유심론이란 인간과 세계의 궁극적인 실체는 정신이라고 하는 이론을 말하며 유물론이란 인간과 세계의 궁극적인 실체를 물질이라고 보는 이론을 말합니다.

많은 철학자들이 인간과 이 세계를 이해하고 설명하는데 있어 정신과 물질 가운데 어느 것이 근원적이고 일차적인 것이며 어느 것이 파생적이고 이차적인 것인가, 라는 문제를 제기하였습니다. 어떤 철학자는 물질이 더 근원적이요 일차적인 것이며 정신은 물질에서 파생된 이차적인 것이라고 본 반면 어떤 철학자는 정신이 더 근원적이요 물질은 정신으로부터 파생된 것이라고 보았습니다.

여기서는 먼저 유물론에 대해 좀 더 자세히 살펴보겠습니다. 유물론의 특징을 간단하게 요약하면 다음과 같습니다.

첫째, 만물의 근원은 물질이며 감각적으로 지각할 수 있는 물질적 세계만이 참된 실재의 세계이다.
둘째, 이 세계를 목적론적으로 이해하는 것을 반대하고 세계 내의 모든 변화와 자연현상을 물질의 기계적인 운동으로 설명한다.
셋째, 물질을 떠난 혹은 물질보다 더 근원적인 정신이라는 실체를 인정하지 않으며 초자연적인 신의 존재도 인정하지 않는다.
넷째, 인간의 정신이란 물질의 작용 또는 그 부수현상에 지나지 않는다. 인간의 사고나 의식은 고도로 조직된 물질, 즉 뇌수(腦髓)의 복잡한 운동 및 그 기능의 부수현상에 불과한 것이다.

여기서는 유물론의 대표적 이론 가운데 프랑스의 철학자 라 메뜨리(L. Mettrie)가 말한 인간기계론에 대해 살펴보겠습니다.

소크라테스 이후 대부분의 서양철학자들은 인간을 정신과 육체를 가진 이원론(二元論, dualism)적인 존재로 이해해 왔습니다. 그러나 라 메뜨리는 인간을 굳이 정신과 육체를 가진 이원적인 존재로 보는 이유가 어디에 있는가? 라고 묻고 그것은 바로 인간이 자신의 신체 내부에 일어나는 미세한 물질의 운동을 지각할 수 없기 때문이라고 보았습니다.

즉 인간은 신체 내에서 일어나는 물질의 운동을 지각할 수 없으므로 그것이 마치 정신작용인 듯이 생각하고 있으며 이러한 생각을 확대시켜 우주에도 물질의 세계 이외에 영적인 존재로서의 신이 있다고 생각한다는 것입니다. 그러나 정신은 육체 내에서 일어나는 미세한 물질의 운동에 지나지 않으므로 육체가 없으면 정신이란 존재할 수 없으며 마찬가지로 우주의 뇌가 없는 한 우주정신, 곧 신도 존재할 수 없다고 보았습니다.

데카르트(R. Descartes)는 인간을 정신과 육체를 가진 이원적인 존재로 파악하고 인간이 동물과 근본적으로 다른 것은 인간은 정신을 소유하지만 동물은 정신을 소유하지 않으며 오직 정교한 본능만을 가진다는 점에 있다고 보았습니다. 따라서 동물은 인간의 영역에 가깝기보다는 오히려 정교한 장치로 조작된 일종의 자동기계(automata)에 가까운 것으로 보았습니다.

그러나 라 메뜨리는 이와 같은 데카르트의 입장을 인간에까지 확대시켜 인간도 한 대의 자동기계와 같은 것이라고 하였습니다. 인간도 동물과 같이 육체와 고도로 정교한 본능만을 가졌을 뿐 동물이 갖지 못하는 정신이라는 실체를 가지는 것은 아니라고 본 것입니다. 인간이 지닌다는 정신적 실체란 뇌의 분비작용에 의해 일어나는 물질적 기능에 불과한 것입니다.

따라서 동물과 인간 사이에는 근본적인 차이가 없으며 정도상의 차이

밖에 없습니다. 인간은 스스로 태엽을 트는 한 대의 기계에 지나지 않습니다. 단지 인간이란 기계는 동물이란 기계에 비해 톱니가 몇 개 더 많고 용수철이 몇 개 더 있다는 것뿐입니다.

이러한 유물론에 대해 우리는 어떻게 생각해야 할까요? 유물론을 끝까지 주장하다 보면 결국 인간이란 한 대의 자동기계에 불과하다는 결론에 도달합니다. 인간이란 인격도, 개성도, 이성도, 감정도, 욕망도 없는 로봇과 같은 자동기계에 지나지 않는다는 것입니다. 과연 인간이란 그런 존재인가요?

성경은 인간은 하나님의 형상을 따라 창조된 피조물이라고 분명히 말합니다. "하나님이 자기 형상, 곧 하나님의 형상대로 사람을 창조하시되 남자와 여자를 창조하시고." 창세기(1:27)에 나오는 말씀입니다. 또 로마서(1:28)에는 하나님 믿기를 거부하는 유물론자들에게 주는 경고의 말씀도 나옵니다. "또한 그들이 마음에 하나님 두기를 싫어하매 하나님께서 그들을 그 상실한 마음대로 내버려 두사…" 하나님을 모르는 것 자체가 죄이고 심판입니다.

칸트 종교관에 대한 비판

인류가 낳았던 가장 위대한 철학자 칸트(I. Kant)는 인간을 '현상적 인간'과 '본체적 인간'으로 구분하였습니다. '현상적 인간'이란 배가 고프면 먹고, 추우면 옷을 입고, 비가 오면 피하는 것과 같이 의식주의 문제를 해결하며 살아가는 자연적인 삶, 곧 육체적인 삶을 살아가는 인간을 말합니다.

반면 본체적 인간이란 단순히 먹고 입고 자고 하는 육체적인 삶만이 아니라 선한 양심을 따르고 목적을 추구하며 가치를 창조해 나가는 도덕적인 삶을 살아가는 인간을 말합니다.

그런데 자연적이고 육체적인 삶을 살아가는 현상적 인간의 모습은 인간뿐만 아니라 다른 동물에게서도 볼 수 있습니다. 그러나 본체적 인간의 모습은 다른 어떤 존재에게서도 볼 수 없는 인간 고유의 삶의 모습입니다. 인간을 인간답게 해주는 삶은 바로 도덕적인 삶을 말하며 이러한 도덕적인 삶의 주체가 되는 것이 곧 본체적 인간인 것입니다.

칸트는 어떤 철학자들보다 인간이 마땅히 따라야 할 도덕률과 도덕적인 삶을 중요시 했습니다. 그는 도덕을 얼마나 소중하게 생각했는지 도덕으로부터 인간의 영혼불멸이나 신의 존재까지 증명하려고 했습니다.

칸트에 의하면 인간은 영혼이 불멸하다는 것과 신이 존재한다는 것을 직접 인식할 수는 없습니다. 왜냐하면 이것은 일종의 형이상학적 문제로 우리의 감성, 즉 경험에 의해서는 파악되지 않기 때문입니다. 그러나 우리는 우리의 영혼이 불멸하다는 것과 신이 존재한다는 것을 현실적인 삶, 특히 도덕적인 삶을 통해 알 수 있습니다.

칸트는 철저하게 현실주의자요 도덕주의자였습니다. 그는 인간의 존엄성과 가치를 가장 고귀하게 생각하고 현실적인 삶 속에서 인간의 목적과 행복을 추구하려고 했던 현실지향적인 도덕철학자였습니다.

그러나 인생에 대한 그의 깊은 철학적 통찰과 일생동안의 경건하고 성실했던 자신의 삶을 통해서 얻은 결론은 인간의 현실적인 삶은 너무나 불완전하고 모순에 차 있다는 것입니다. 그래서 이러한 현실적인 삶을 통해서는 누구도 완전한 행복을 누릴 수가 없다는 것이었습니다.

우리의 도덕적 인식은 분명히 선하고 덕스러운 사람이 행복해야 한다는 것을 말해 줍니다. 그러나 우리의 현실은 결코 선하고 덕스러운 사람에게 행복을 보장해 주지 못합니다. 이 세상에는 악인으로 지탄을 받는 부도덕한 사람들이 그들의 옳지 못한 행위를 통하여 부귀와 영화를 누리는 반면 선한 양심을 가지고 도덕적인 삶을 살아가는 사람이 가난과 불행 속에서 헤매는 경우가 얼마나 많은지 모릅니다.

이와 같이 현실의 도덕적 질서는 우리의 바람과는 달리 전도(顚倒)되어 있는 수가 많습니다. 그러나 행복이란 선한 사람에게 주어져야 하고 불행은 악인에게 돌아가야 한다는 우리의 바람은 확고한 것입니다.

특히 인간의 가치와 존엄성을, 그리고 선한 양심과 도덕적인 삶을 가장 소중하게 여긴 칸트에 있어서는 선하고 덕스러운 사람이 행복해야 하고 악인에게 불행이 돌아가야 한다는 신념이 너무나 강하고 확고했습니다.

이와 같은 강렬한 그의 도덕적 신념은 그의 도덕철학을 종교의 영역으로 이끌어 갑니다. 즉 선하고 도덕적인 사람이 현실 세계에서 끝내 불행한 삶을 살아가고 그것으로 그의 인생이 모두 끝나버린다면 도대체 인간의 존엄성과 가치를 어디서 찾을 것인가 하는 문제가 일어나게 됩니다.

따라서 그러한 사람은 내세에 있어서라도 반드시 행복이 보장되어야만 합니다. 그러기 위해서는 인간의 영혼은 소멸하지 않고 내세에도 영원히 존재해야만 하는 것입니다. 칸트는 도덕의 권위가 손상되지 않기 위해서는, 그리고 선한 자에게 마땅히 돌아가야 할 행복이 보장되기 위해서는 인간의 영혼이 불멸해야 한다는 것을 강력히 요청(要請)하고 있는 것입니다.

뿐만 아니라 신의 존재도 같은 맥락으로 이해할 수 있습니다. 칸트는 인간의 영혼이 불멸하다고 해서 선한 사람에게 반드시 행복이 돌아간다는 보장은 없다고 생각했습니다. 이 세상에서 착하고 덕스러웠으나 불행했던 영혼이 내세에서도 그렇지 않으리라는 보장이 없다는 것입니다. 그래서 이를 보장하기 위해서는, 즉 이 세상에서 선하고 덕스러운 사람에게 내세의 행복을 보장해 주기 위해서는 도덕적 질서의 부여자로서 신이 존재해야만 한다는 것입니다.

칸트는 "도덕은 반드시 종교로 인도한다."라고 하며 도덕이 도덕으로서의 가치를 갖기 위해서는 종교의 영역으로 넘어가야 한다고 보았습니다.

이와 같은 칸트의 입장을 우리는 어떻게 이해해야 할까요? 언뜻 들으면 칸트는 인간의 영혼이 불멸한다는 것과 신이 존재한다는 것을 확신한 철학자처럼 보입니다. 그러나 이러한 칸트의 입장은 기독교적인 신앙의 입장에서 보면 신과 내세에 대한 믿음이 아닌 하나의 철학적 이론에 불과합니다.

인간의 영혼불멸이나 신이 존재한다는 것은 칸트의 주장과 같이 인간이 강력하게 요청한다고 해서 존재하는 것이 아닙니다. 인간의 영혼이 불멸하고 신이 존재해야만 인간의 존엄성이 확보되고, 또 도덕적인 삶이 의미 있기 위해 내세가 있고 하나님이 존재하는 것은 아닙니다.

먼저 하나님이 존재하고, 하나님이 영원히 불멸하는 천국과 지옥을 만드셨기에 인간은 그것을 믿는 것입니다. 종교의 근거가 결코 도덕이 될 수는 없습니다. 오히려 하나님의 진리의 말씀이 도덕의 근거가 되는 것입니다.

인간은 하나님의 존재와 하나님의 말씀을 믿고 순종할 때 비로소 도덕적인 삶을 살 수 있고 인간의 존엄성을 찾을 수 있게 됩니다.

실용주의 종교관에 대한 비판

　현대철학 가운데 프래그머티즘(pragmatism)이라고 부르는 실용주의 철학이 있습니다. 19세기말 퍼스(C. S. Peirce)와 제임스(W. James)에서 시작하여 20세기 존 듀이(J. Dewey)에 이르기까지 미국을 대표하는 철학입니다.
　실용주의 철학은 진리의 기준을 유용성(有用性)과 검증성(檢證性)에 두고 있습니다. 유용성이란 '진리란 인간의 실제 생활에 있어서 유용한 효과를 가져와야 한다.'는 것을 말하며 검증성이란 '진리란 인간의 경험에 의해 확인 가능해야 한다.'는 것을 말합니다.
　이러한 기준에 따른다면 모든 지식이나 이론은 우리의 실제적인 행동이나 생활에 이익을 가져오거나 유용한 영향을 끼칠 때, 또는 만족스러운 결과를 야기할 때 참이요 진리가 되는 것입니다.
　뿐만 아니라 모든 진리는 우리의 경험을 통해 검증 가능해야 합니다. 검증할 수 있는 것만이 참이고 그렇지 않은 것은 거짓입니다. 예를 들어 어린아이가 불을 처음 보았을 때, 실제로 불 가까이 손을 갖다 대본 후 '불은 뜨겁다'는 지식을 가지게 되는데 이러한 지식이야 말로 검증 가능한 가장 확실한 지식이 되는 것입니다.

이런 측면에서 실용주의자들은 철학에서 주장하는 형이상학적인 지식을 허구적인 것으로 부인합니다. 그러한 지식은 검증 가능한 객관적인 지식이 아니기 때문입니다. 예를 들어 플라톤의 이데아(Idea) 사상이나 헤겔이 말한 세계정신(世界精神)과 같은 개념은 우리가 경험을 통해 검증할 수 없는 것이므로 무의미하고 공허한 것으로 간주합니다.

그렇다면 이런 기준으로 볼 때 '종교에서 말하는 진리는 어떻게 인정할 수 있는가?'라는 의문을 가질 수 있습니다. 결론적으로 말하면 실용주의 철학은 종교의 가치와 진리성을 인정합니다. 그 이유는 신에 대한 관념을 비롯한 모든 종교적 진리는 그것이 비록 검증 불가능한 것이라 하더라도 우리의 실제적인 삶에 유익한 영향을 끼치기 때문입니다.

미국의 대표적인 실용주의 철학자 윌리엄 제임스는 "신의 존재를 믿는 것이 우리의 삶에 유익한가?" "신에 대한 믿음은 우리의 행복을 증대시키는가?" "종교적 신앙이 우리의 삶에 용기와 희망을 주는가?" 등과 같은 질문들에 대해 만일 긍정적인 대답을 얻을 수 있다면 신에 대한 믿음은 유용성이라는 측면에서 진리로 받아들여질 권리가 있다고 봅니다.

제임스는 절대적인 신이 존재하고 인간이 신과 함께 있다는 의식은 우리의 삶을 고무한다고 보았습니다. 신에 대한 믿음이나 내세에 대한 확신과 같은 종교적 체험은 인간의 삶을 긍정하고 능동적인 힘을 불어넣어 주기 때문입니다. 뿐만 아니라 그것은 인간의 삶을 도덕적이게 하고 생명의 존엄성을 갖게 하며 좌절과 절망으로부터 벗어나게 하여 우리의 마음에 깊은 평화를 심어주기도 합니다.

따라서 신에 대한 관념을 비롯한 모든 종교적 진리는 그것이 비록 검증 불가능 하더라도 우리의 실제적인 삶에 유익한 영향을 끼치기 때문에 그 진리성이 인정될 수 있습니다.

종교에 대한 이러한 실용주의적인 태도는 언뜻 보면 종교, 특히 기독교를 긍정적으로 받아들이고 하나님에 대한 믿음과 신앙을 인정하는 것 같으나 사실은 종교를 왜곡하고 있습니다. 왜냐하면 종교는 제임스의 말과 같이 기능적 가치(functional value)만을 갖는 것이 아니라 본질적 가치(intrinsic value)를 갖기 때문입니다. 종교적 진리는 그것이 어떤 효과를 산출하기 때문에 진리라기보다는 그 자체가 진리이기 때문에 진리로서의 가치를 갖는 것입니다.

만일 우리가 종교에서 기능적 가치만을 추구한다면 우리는 '행복하기 위해서 하나님을 믿는다.'라고 해야 할 것입니다. 그러나 이러한 주장은 기독교적 관점으로 본다면 앞뒤가 전도된 것입니다. 우리는 하나님을 믿고, 그래서 행복한 것이지 행복하기 위해서 하나님을 믿는 것은 아닙니다. 신앙이 우리의 유익을 위한 도구가 되어서는 안 됩니다. 신앙은 우리의 목적이고 그에 따른 유익은 부수적인 결과입니다. 즉 하나님을 믿는 믿음이 우리의 목적이고 행복이나 축복은 결과일 뿐입니다.

오늘날 우리는 지나치게 공리주의적인 사고에 길들여져 있어 모든 것이 나의 유익에 어떤 결과를 가져다주는가에만 관심이 있습니다. 그러나 성경의 가르침은 오히려 이와는 반대입니다. 받기 위해 주는 것이 아니라 "주라, 그리하면 너희에게 줄 것이니." 이것이 성경의 가르침입니다. 오른편 뺨을 치면 왼편도 돌려 대는 것, 오리를 가자면 십리를 동행하는 것, 속옷을 달라면 겉옷까지 내어 주는 것, 이것이 성경의 가르침입니다. 이런 가르침은 나에게 어떤 유익을 주는 것과는 오히려 거리가 먼 것이 아니겠습니까?

하나님을 믿는 우리의 신앙은 때로는 현실적인 삶에서 유익이 아닌 손해를 가져올 수도 있습니다. 예수님은 제자들에게 "누구든지 나를 따라오려거든 자기를 부인하고 자기 십자가를 지고 나를 따를 것이니라."(마태복음 16:24)라고 말씀하십니다.

눈앞의 유익과 만족만을 추구하는 자는 결코 예수님의 제자가 될 수 없습니다. 내 자신의 이익만을 구하는 자는 결코 하나님 나라를 소유할 수 없습니다.

종교를 유용성이라는 잣대로만 재단하려고 하는 실용주의적 진리관은 언뜻 보면 수긍이 가는 것 같으나 사실은 종교의 본질, 특히 기독교 본질에 대한 참된 이해가 결여된 피상적인 진리관이요 오도(誤導)된 진리관이라 하겠습니다.

철학자들의 신

 철학의 역사를 통해 살펴볼 때 고대에서 오늘날에 이르기까지 신의 문제는 끊임없이 철학자들의 지적 호기심을 자극했고 그들의 철학적 탐구의 한 영역을 차지해 왔습니다. 때로는 이 문제가 철학의 중심 주제가 되기도 했고, 때로는 배후적이고 함축적인 주제로 다루어지기도 했으며, 때로는 철학의 영역에서 이 문제를 제거하기 위해 부정적인 담론의 주제로 취급되기도 했습니다. 어쨌든 신의 문제는 인류의 정신사와 함께 지속적으로 철학자들의 관심사가 되어온 것이 사실입니다.
 이처럼 철학자들이 신 문제에 끊임없이 관심을 갖게 된 것은 다음과 같은 몇 가지 이유 때문이라고 생각합니다.
 첫째는 철학의 본질적인 물음에 대한 대답 때문입니다. 신의 문제는 철학이 이 세계의 궁극적인 존재가 무엇인가를 탐구하는데 있어서 필연적으로 부딪힐 수밖에 없는 존재론적인 문제입니다. 철학에서 신 개념은 바로 궁극적인 존재, 절대자, 초월자, 제일원리, 최고의 존재 등을 의미하여 이에 대한 탐구는 바로 철학의 본래적이고도 고유한 영역입니다.

둘째는 신 문제는 인간의 실천적인 삶 속에서 삶의 의미나 가치와 연관된 문제이기 때문입니다. 신 문제는 형이상학적인 문제인 동시에 인간의 일상사의 문제이기도 합니다. 인간은 일상적인 삶을 통해 의미를 추구하고 가치를 창조하는 가치지향적인 존재입니다. 인간이 가장 심오한 존재의미나 가치를 찾아 나설 때 자연스럽게 신 문제에 부딪히게 되는 것입니다.

셋째는 인간의 절대적 한계와 초월적인 세계에 대한 물음 때문입니다. 인간은 자신의 존재와 무한한 세계에 대한 인식 앞에서 절대적 한계를 경험하며 이 모든 한계를 넘어서는 존재로 신을 상정(想定)하고 싶어 합니다. 이와 같이 초월적 존재에 대한 앎의 욕구가 신 문제를 끊임없이 제기하도록 하는 것입니다.

고대인들에게 있어 신에 관한 물음은 매우 자연스러운 것이었고 동시에 매우 중대한 문제였습니다. 그들은 일상적인 삶 속에서 자연의 신비와 경이로움에 부닥칠 때마다 곧잘 신에 대한 물음을 던졌습니다. 번개가 번쩍이고 천둥이 칠 때, 가뭄이나 홍수와 같은 자연재해가 일어날 때, 일식과 월식을 경험하며 밤하늘의 무수한 별들을 바라볼 때, 그들은 어떤 초자연적인 힘을 생각하고 그것이 무엇인지에 대한 의문을 가졌습니다.

오랜 기간 동안, 고대인들의 이러한 의문과 그에 대한 대답들은 여러 가지 신화의 형태로 전승되어 왔습니다. 그러다가 B.C. 6~7세기 경 탈

레스를 비롯한 그리스 자연철학자들이 이 신비로운 초자연적 힘에 대해 인간의 이성을 통한 합리적인 설명을 시도했습니다. 고대 철학자들이 알고자 했던 '신적인 것'이란 바로 아르케(arche), 곧 만물이 그것으로부터 유래하는 존재들의 근거와 원천에 관한 것이었습니다. 즉 이 세계는 궁극적으로 무엇으로 이루어졌으며 어떻게 생성변화 하는가? 라는 물음에 대한 대답을 찾기 시작했습니다.

어떤 철학자는 그것을 '물'이라고 했고, 어떤 철학자는 '불'이라고도 하고 어떤 철학자는 '공기'라고도 하고 어떤 철학자는 '무한자(無限者)'라고도 했습니다. 플라톤과 같은 철학자는 데미우르고스(Demiourgos)라 하여 이를 만물에 질서를 부여한 세상의 창조주라고도 했습니다. 또한 아리스토텔레스는 세상의 모든 존재와 운동의 궁극적인 원인이 되는 존재라는 의미에서 '제일원인(第一原因)'이라고 하며 이를 '신'이라 불렀습니다.

물론 고대 철학자들이 말했던 신은 이 세계를 설명하기 위한 하나의 근본원리로서 최고 또는 최상의 존재라는 의미를 가졌을 뿐 그들이 말한 신은 종교적인 의미에서의 신과는 거리가 멀다고 할 수 있습니다. 그러나 그러한 존재에 영원자, 불변자, 완전자, 초월자, 스스로 존재하는 자존자(自存者) 등과 같은 속성을 부여했다는 점에서 그들도 역시 이 세계의 궁극적이고 절대적이며 영원불변하는 존재가 무엇인지에 대한 진지한 탐구를 했던 것은 사실입니다.

이러한 신에 대한 개념이 중세에 들어와서 교부철학자나 스콜라철학자들에 의해 비로소 기독교에서 말하는 신의 개념으로 확립되었습니다. 중세의 가장 대표적인 철학자인 아우구스티누스나 토마스 아퀴나스와 같은 철학자들은 신에 대한 단순한 신앙보다는 이성에 근거한 신앙이 더 우월하다고 생각하고 이성적 사유를 통해 신의 존재를 증명하려고 노력했습니다.

그러나 신 존재에 대한 엄밀한 철학적 논증은 한계에 부닥치고 신 문제에 대한 철학적 성찰은 수면 아래로 가라앉거나 변신론(辯神論)적 양상을 띠고 신학의 가장자리로 밀려나 이렇다 할 성과를 거두지 못했습니다. "신앙은 앞서고 통찰은 뒤따른다."는 아우구스티누스의 주장이나 "나는 알기 위해서 믿는다."는 안셀무스의 주장에서 볼 수 있듯이 신에 대한 철학적 접근은 계시를 통한 신앙에 사족을 보태는 정도로 이해될 뿐이었습니다. 즉 신에 대한 철학적 사유는 먼저 믿음이 앞선 후에라야 가능하다고 보았던 것입니다.

근세철학이 시작되면서 신에 대한 철학자들의 생각은 전혀 달랐습니다. 특히 19세기 초 프랑스의 사상가 콩트(A. Comte)에 의해 시작된 실증주의(實證主義)는 철학뿐만 아니라 서양 모든 사상계에 강력한 영향을 미쳤습니다. 실증주의의 역사적 배경은 근대 자연과학의 발달과 이로 인해 일어난 산업혁명의 물결, 그리고 18세기 프랑스를 중심으로 일어났던 계몽주의 사상 및 영국 경험주의 철학 등에서 찾아 볼 수 있습니다.

실증주의자들은 사실과 경험을 존중하고 과학적 지식만을 가장 확실하고 타당한 지식으로 간주합니다. 이들은 자연현상뿐만 아니라 인간과 사회의 모든 현상까지도 관찰이나 실험에 의한 자연과학적인 방법으로 이해하려고 했습니다. 즉 정치나 역사는 물론 철학이나 도덕, 심지어는 신학까지도 과학적 방법론을 통해 설명이 가능하다고 보았습니다.

그러므로 실증주의자들은 과학적 방법을 통하여 확인할 수 없는 어떠한 지식체계도 받아들이지 않았으며 특히 독일 관념론에 나타났던 형이상학적인 요소를 철저하게 배격하였습니다. 그들은 사실에 의해 확증된 것 이상의 어떠한 힘이나 실체의 존재도 인정하기를 거부하였습니다.

이와 같은 실증주의적 사상물결이 영국에서는 다윈이나 스펜서의 진화론으로 나타나고, 독일에서는 마르크스와 엥겔스의 변증법적 유물론으로, 미국에서는 제임스나 듀이의 실용주의 철학으로 나타나 20세기 사상계를 풍미하게 됩니다. 이러한 사상들이 대체로 신의 존재를 부인하며 기독교에 대해서는 비판적인 입장을 취했습니다.

현대철학자 가운데 실증주의와는 또 다른 각도에서 신의 존재를 부인한 철학자가 바로 독일 철학자 니체입니다. 니체는《자라투스트라는 이렇게 말하였다》라는 책 속에서 이렇게 말합니다.

나는 이 책 속에서 추호의 사정도 돌보지 않고 이른바 십자가 앞에 고개 숙이는 모든 자들에게 공격을 가했습니다. 또한 그리스도적임을 자처하는 모든 것을 상대로 뇌성과 뇌우를 퍼붓는 일을 목적으로 하였습니다.

그랬습니다. 니체는 평생 자신의 철학의 목적을 기독교적인 전통과 질서, 기독교적인 도덕과 사상을 무너뜨리고 그 자리에 초인의 새로운 가치체계를 세우는데 두었습니다.

자라투스트라는 신의 죽음을 외치는 초인(超人)을 말합니다. 스스로의 정신과 고독을 즐기면서 10년 동안 산 속에서 수도생활을 마친 그는 하산을 하며 만난 노인에게 이렇게 말합니다.

> 도대체 이런 일이 있을 수 있을까? 저 늙은 성자는 숲 속에 살고 있어서 신이 죽었다는 것을 전혀 듣지 못했구나. 정녕 늙은 신들은 오래 전에 최후를 맞이했는데…

자라투스트라는 신의 위치와 역할과 권한이 인간에게 넘겨져야 한다고 외칩니다. 만일 신이 살아 존재하고 인간이 신의 뜻대로 산다면 그러한 인간은 자기에게 주어진 자유와 책임을 상실한 약소인간이 될 수밖에 없다고 봅니다. 초인이란 신의 죽음을 외치며 신으로부터 인간의 자유와 책임을 탈환한 절대화된, 신격화된 인간을 의미합니다.

철학의 역사를 살펴볼 때 가장 이해가 안 되는 것 가운데 하나가 니체가 무신론을 주장한 철학자가 된 점입니다. 고대로부터 현대에 이르기까지 모든 철학자들 가운데 가장 철저한 무신론자가 바로 니체입니다. 그런데 참으로 아이러니컬하게도 니체의 아버지와 할아버지는 모두 목사였습니다. 목사의 아들로 태어나 어렸을 때는 친구들이 그를 '작은 목사'라고 부를 만큼 혼자 성경을 읽기도 했고 친구들에게 성경을 읽어주며 감동하고 눈물을 흘리는 일도 자주 있었다고 합니다.

그랬던 니체가 어떻게 해서 신의 죽음을 외치며 기독교에 그토록 적대적인 무신론자가 되었을까요? 그 원인 가운데 하나가 그가 대학생 때 접하게 된 쇼펜하우어라는 철학자의 사상 때문입니다. 니체가 21살 때 부모를 떠나 라이프치히 대학에서 공부할 때입니다. 늦은 가을날 우연찮게 책방을 소요하다가 한 권의 책을 붙잡게 되었는데 그 책이 바로 쇼펜하우어의 《의지와 표상으로서의 세계》라는 책이었습니다. 이 책이 니체의 사상과 운명에 결정적인 영향을 주었습니다. 니체는 후일 이 책을 가리켜 "어떤 악마가 나에게 이 책을 잡으라고 속삭였는지 모른다."라고 고백한 적이 있습니다.

이 책은 쇼펜하우어의 우울하고 부정적이고 체념적인 성격과 그의 염세주의적인 사상이 고스란히 담긴 책이었습니다. 니체는 이 책을 가리켜 "이 책은 세계, 인생, 자기의 마음을 무서울 만큼 분명하게 비춰주는 거울이었다. 마치 쇼펜하우어가 나에게 직접 말을 하는 것과 같이 그의 신념을 느꼈다. 각 줄마다 포기와 부정과 체념의 절규가 있었다."라고 회고했습니다.

쇼펜하우어 철학의 어두운 색깔이 니체 사상에 끈질긴 영향을 남긴 것입니다. 비극이야말로 삶의 기쁨이라고 찬양한 니체 사상의 근원이 여기서부터 시작되었습니다.

니체는 현대 철학자들이 신의 문제를 더 이상 철학의 주제로 다루지 않게 한 장본인입니다. 특히 현대 분석철학이나 논리실증주의에서는 '신이 존재한다.'는 것과 같은 형이상학적 명제는 진(眞) 위(僞)를 검증할 수 없는 '무의미한 명제(pseudo proposition)'로 보고 아예 관심조차 가지려하지 않습니다. 신의 문제를 철학의 영역에서 아예 제외시켜버린 것이지요. 신학에 사신신학(死神神學)이 등장한 배경도 니체에 있다고 봐야합니다.

Chapter 9
행복과 행복한 인간관계

행복은 어디에 있나요?

먼저 독일 시인 칼 붓세(K. Busse)의 시 한편을 소개하겠습니다.

산 너머 저 멀리 행복이 있다기에
그가 말하던 곳 내 한 번 찾았다가
눈물만 뿌리고 돌아왔네

모든 사람은 막연하게 행복을 동경합니다. 그리고 그 행복을 찾기 위해 산을 넘기도 하고 물을 건너기도 합니다. 우리는 행복을 위해 수고와 노력을 아끼지 않습니다. 좋은 대학에 합격하기 위해, 일류 기업에 들어가기 위해, 멋진 배우자와 결혼하기 위해 혼신의 힘을 쏟는데 사실은 이 모두가 자신의 행복을 위해서입니다.

우리가 왜 그렇게 돈, 돈, 합니까? 왜 직장에서 승진을 못해 안달입니까? 왜 아파트 평수를 넓히고 좋은 차를 사기 위해 허리띠를 조릅니까?

모두가 다 행복해지고 싶은 욕망 때문이 아니겠습니까?
 우리가 자녀들의 교육을 위해 얼마나 지극 정성을 기울이고 얼마나 많은 비용을 투자합니까? 왜 그렇게 합니까? 모두가 자녀들이 앞으로 성공해서 행복하게 살기를 원해서입니다. 그럼 행복은 대체 어디에 있는 것일까요?

 사향노루 한 마리가 있었습니다. 사향노루는 언제나 코끝에 밀려오는 향기에 마음이 끌렸습니다. 시간이 흐를수록 그 향기는 점점 더 사향노루를 매혹시켰습니다. 그래서 사향노루는 혼자 중얼거렸습니다.
 '도대체 이 향긋한 향기는 어디서 날아오는 걸까? 무슨 일이 있더라도 이 향기가 어디서 오는지 꼭 알아내고야 말겠어!'
 그러던 어느 날, 사향노루는 향기가 나는 곳을 찾아 나섰습니다. 산을 넘고 물을 건너고 사막을 가로질러 이 세상의 경계선까지 갔습니다.
 그러나 사향노루는 그곳에서도 향기가 어디서 나는 지 알아내지 못했습니다. 그러다가 하루는 가장 높은 절벽 위로 올라갔습니다. 그러자 그 절벽 아래서 향기가 올라오는 것 같았습니다.
 사향노루는 '저 아래에 가면 향기가 나는 곳을 찾을 수 있을 거야.'라고 생각하고 급한 마음으로 절벽을 내려가다가 그만 벼랑에서 미끄러져버렸습니다.
 땅바닥에 냉동이 쳐져서 하늘을 바라보며 누워있는데 그 곳에서도 역시 향기가 진동을 했습니다. 그래서 지나가는 새에게 물었습니다.
 "새야, 새야 지금 이 향기가 어디서 나는 향기니?" 하고 물었더니 새가 하는 말이 "네 코끝에서 나는 향기잖아!" 그랬다고 합니다.

재미있는 이야기이지만 우리도 이럴 수 있습니다. 행복은 가까이 있는데 그 행복을 산 너머, 물 건너에서 찾으려고 합니다. 내 가정에, 내 주위에, 내 마음에 있는데. 그것을 모르고 우리는 늘 행복을 찾아 두리번거리고 있습니다.

헬렌 캘러(H. Keller)가 어느 날 숲 속을 다녀온 친구에게 물었습니다. 무엇을 보았느냐고. 그 친구는 별로 특별히 본 것이 없었다고 말했습니다. 헬렌 켈러는 이해할 수가 없었습니다. 두 눈 뜨고, 두 귀 열고도 특별히 본 것도 들은 것도 없다니, 그래서 할 말 조차 없다니…

그래서 비록 보지도, 듣지도, 말하지도 못하는 헬렌 켈러였지만 그녀는 스스로 만약 자신이 단 사흘만이라도 볼 수 있다면 무엇을 보고 느낄 것인지 미리 계획을 세웠습니다. 그리고 이것을 '내가 사흘 동안 볼 수 있다면(Three days to see)'이란 제목으로 1933년 〈애틀랜틱 먼슬리〉 1월호에 발표했습니다.

헬렌 켈러의 글은 당시 경제대공황의 후유증에 허덕이던 미국인들에게 잔잔한 감동을 주었습니다. 우리가 무심코 마주하는 이 세계가 날마다 기적 같은 것임을 일깨워주었기 때문이었습니다. 그래서 〈리더스 다이제스트〉는 이 글을 '20세기 최고의 수필'로 꼽았는데 그 내용은 대략 이렇습니다.

첫째 날, 나는 친절과 겸손과 우정으로 내 삶을 가치 있게 해준 설리

번 선생님을 찾아가 이제껏 손끝으로 만져서만 알던 그녀의 얼굴을 몇 시간이고 물끄러미 바라보면서 그 모습을 내 마음 속에 깊이 간직해 두겠다. 그러곤 밖으로 나가 바람에 나풀거리는 아름다운 나뭇잎과 들꽃들 그리고 석양에 빛나는 노을을 보고 싶다.

둘째 날, 먼동이 트며 밤이 낮으로 바뀌는 웅장한 기적을 보고나서 서둘러 메트로폴리탄에 있는 박물관을 찾아가 하루 종일 인간이 진화해온 궤적을 눈으로 확인해 볼 것이다. 그리고 저녁에는 보석 같은 밤하늘의 별들을 바라보면서 하루를 마무리하겠다.

마지막 셋째 날에는 사람들이 일하며 살아가는 모습을 보기 위해 아침 일찍 큰길에 나가 출근하는 사람들의 얼굴 표정을 볼 것이다. 그러고 나서 오페라하우스와 영화관에 가 공연들을 보고 싶다. 그리고 어느덧 저녁이 되면 네온사인이 반짝이는 쇼윈도에 진열되어 있는 아름다운 물건들을 보면서 집으로 돌아와 나를 이 사흘 동안만이라도 볼 수 있게 해 주신 하나님께 감사의 기도를 드리고 다시 영원히 암흑의 세계로 돌아가겠다.

참으로 놀라운 글입니다. 우리는 헬렌 켈러가 그토록 갈망하던 행복을 매일같이 누리고 살아간다는 것을 기억했으면 좋겠습니다. 오늘이라는 소중한 시간과, 이토록 아름다운 강산과, 하늘과 해와 달과 별과, 그리고 무엇보다 값으로 환산할 수 없는 생명을 주신 하나님께 감사하며 살아가는 바로 그 곳에 행복이 있습니다. 행복은 지금 여기에 있습니다.

행복에 대한 철학적 이해

 옛날 그리스 시대 고린도라는 도시에 한 거지가 살고 있었습니다. 이 거지는 나무로 만든 둥근 술통 속에서 개처럼 그렇게 혼자 살았습니다. 그런데 그 도시의 사람들은 그를 단순히 거지로만 취급하지 않았습니다. 그 이유는 이 거지에게 때로는 먹을 것을 주기도 하였지만 때로는 그로부터 인생의 훌륭한 지혜와 교훈을 얻기도 했기 때문입니다. 이 거지가 바로 그 유명한 디오게네스라고 하는 철학자였습니다.
 이 사람은 철학자이면서 동시에 거지였습니다. 이 사람의 재산이라고는 잠을 잘 수 있는 둥근 술통 하나, 옷 한 벌, 물을 떠먹는 쪽박 하나, 그것이 전부였습니다. 그러나 그는 자신의 재산이 이것뿐이었지만 늘 만족하고 행복하게 살았습니다.
 어느 날 미게도니아 왕국의 임금인 알렉산더 대왕이 디오게네스를 직접 찾아왔습니다. 이 거지 철학자가 아주 지혜롭고 현명한 사람이라는 소문을 하도 많이 들어서 그가 과연 어떤 사람인지 대왕 자신이 직접 한

번 만나보고 싶었기 때문이었습니다.

　알렉산더 대왕이 많은 신하들을 거느리고 디오게네스를 방문했을 때 마침 디오게네스는 자기의 이동식 주택인 나무로 만든 술통을 수리하고 있었습니다. 알렉산더 대왕은 한동안 이 광경을 물끄러미 바라보고 있다가 이윽고 디오게네스에게 다가가서 이렇게 말을 걸었습니다.

　"여보게 그대는 지금 무엇을 하고 있는가?"

　디오게네스는 알렉산더 대왕을 힐끗 쳐다보고는 퉁명스럽게 대답했습니다. "보시다시피 이렇게 집을 수리하고 있지 않소."

　이 말에 왕의 호위 군병이 큰 소리로 호통을 치면서 디오게네스의 멱살을 잡았습니다.

　"네 이놈, 감히 누구 앞이라고 함부로 말을 지껄이는가?"

　그러자 알렉산더 대왕은 자신의 호위 군병들을 나무라며 잡은 멱살을 놓아주라고 하고는 이렇게 말했습니다.

　"내가 미처 나를 소개하지 않아 이런 불미스러운 일이 일어났구먼. 나는 마케도니아 왕국의 알렉산더 왕일세."

　이 말을 듣고서도 디오게네스는 하던 일을 계속하면서 이렇게 대꾸했습니다.

　"저는 코린도의 개로소이다. 원래 이름은 디오게네스라고 하지요."

　그의 태연자약한 모습에 알렉산더 대왕은 그저 껄껄 웃을 뿐이었습니다. 그리고 이렇게 되물었습니다.

　"자네는 왜 스스로 개라고 부르는가?"

　"개에게는 아무런 욕심이 없지요. 또 개에게는 아무런 가식이나 채면도 없지요. 뿐만 아니라 개야말로 자기가 하고 싶은 대로 하는 가장 자유분방한 존재가 아니겠습니까?"

이 말을 들은 알렉산더 대왕은 천천히 고개를 끄덕였습니다. 그리고는 이렇게 말했습니다.

"여보게 디오게네스, 그대는 소문대로 참으로 현명한 자임이 틀림없어. 그런데 지금 내가 보니 그대의 형편과 처지가 부족한 것들이 많은 것 같은데… 내가 뭘 좀 도와 줄 것이 없겠나? 그대가 원하는 소원이라면 내가 무엇이든지 들어주도록 하겠네."

"한 가지 소원이 있습니다."

"그래, 그것이 무엇인가?"

"지금 대왕께서 서 있는 자리를 한 걸음만 비켜 서 주십시오. 대왕의 그림자가 따뜻한 햇볕을 가로막고 있습니다."

이 말을 듣고 알렉산더 대왕은 숨을 깊이 내쉬며 주위 사람들에게 이렇게 말했습니다.

"한 줄기 햇빛으로 인해 저렇게 행복할 수 있다니! 만일 내가 알렉산더가 아니었더라면 나는 디오게네스가 되었을 것이다."

자, 이제 알렉산더 대왕과 철학자 디오게네스를 한번 비교해 봅시다. 두 사람 가운데 누가 더 행복한 삶을 살았을 것 같습니까?

모든 사람은 행복한 삶을 살기를 원합니다. 젊은 사람은 젊은 사람대로, 나이 든 사람은 나이 든 사람대로, 부자는 부자대로 가난한 사람은 가난한 사람대로, 누구나 할 것 없이 행복하게 살기를 원합니다. 행복은 모든 인간의 보편적인 삶의 목적입니다. 그렇다면

"현재 당신은 행복하다고 생각합니까? 아니면 불행하다고 생각합니

까?"

"행복하다면 무엇 때문에 행복하고, 불행하다면 무엇 때문에 불행하다고 생각합니까?"

"만일 행복하다면 앞으로도 그 행복을 계속 지켜나갈 수 있습니까? 그리고 만일 불행하다면 그 불행한 삶을 끝내고 행복한 삶을 살 수 있는 방법은 없습니까?"

행복에 관한 영국 속담을 하나 소개합니다. 이 속담이 위의 질문에 대한 대답을 얻는데 도움이 될 것입니다.

하루의 행복을 원하는가? : 이발을 하라
한 달간의 행복을 원하는가? : 말을 사라
일 년간의 행복을 원하는가? : 결혼을 하라
일생의 행복을 원하는가? : 정직하게 살라

사람들은 행복을 말할 때 행복의 조건과 행복 자체를 쉽게 혼동합니다.

넓은 아파트에 살고, 좋은 차를 몰고 다니면 행복하다고 생각합니다.

연봉이 높은 직장에 다니거나 사업이 잘 되어 돈을 원 없이 쓸 수 있으면 행복하다고 생각합니다.

사람들이 부러워하는 권력이나 명예를 가지면 행복하다고 생각합니다.

자식들이 출세하여 판·검사나 의사가 되면 행복하다고 생각합니다.
그러나 깊이 한번 생각해 보십시오. 이런 조건들을 만족시킨 사람들이 정말 행복한가를 주의 깊게 살펴보십시오.
돈, 쾌락, 명예, 권력, 건강, 성공 등은 분명히 행복의 조건이 될 수는 있지만 그 자체가 행복은 아닙니다. 그런데도 많은 사람들은 그것을 행복이라고 생각합니다. 오늘날 자본주의에 물들어 있는 사람들은 돈만 있으면 무엇이든 다 할 수 있으리라 생각하지만 가만히 따지고 보면 돈이 우리를 행복하게 해 줄 수 있는 것은 몇 가지 안 됩니다.

 우리는 돈을 가지고 매일 값비싼 호텔 음식을 사 먹을 수 있으나 건강을 살 수는 없습니다.
 돈을 가지고 넓은 주택은 살 수 있으나 가정의 화목은 살 수 없습니다.
 돈을 가지고 수백만 원짜리 침대는 살 수 있으나 단잠은 살 수 없습니다.
 돈을 가지고 화려한 명품 옷을 살 수 있으나 그 옷을 입은 사람의 인격과 품위를 살 수는 없습니다.
 더구나 돈이 질병을 막아주지는 못합니다.
 물론 돈이 우리의 생명을 연장시켜주는 것도 아닙니다.

조금만 깊이 생각해 보면 돈이 우리에게 해 줄 수 있는 것이라고는 극히 제한되어 있는데도 우리는 마치 돈만 있으면 무엇이든 할 수 있고,

돈만 있으면 행복해 질 수 있다고 생각합니다.

하고 싶은 것을 다 하고, 갖고 싶은 것을 다 갖는 것이 행복은 아닙니다. 인간의 욕심을 채우는 것이 행복이라면 그것은 원초적으로 불가능합니다. 인간의 욕심은 분수를 모릅니다. 마치 바닷물을 마시면 마실수록 더 목이 마른 것과 같이 가지면 가질수록 더 많이 갖기를 원하는 것이 인간의 욕심이기 때문입니다. 이런 인간의 속성을 알았기 때문에 철학자 디오게네스는 모든 욕심을 버리고 거지처럼 살았던 것입니다.

어떤 사람이 미국의 백만장자 록펠러에게 이렇게 물었습니다.
"선생님, 사람은 얼마를 가지면 만족하게 됩니까?"
"지금 가진 것보다 조금 더 가지게 될 때 만족하게 됩니다."
이 말이 무엇을 의미합니까? 아무리 많이 가져도 지금 가진 것으로는 만족 하지 못한다는 말입니다. 지금 가진 것보다 조금 더 가져야 만족하게 된다는 뜻입니다. 그렇다면 인간은 결국 욕심을 충족하는 것으로는 행복에 도달할 수 없다는 말입니다.

그러니 어떻게 해야 합니까? 욕심을 버려야 합니다. 밑도 끝도 없는 과도한 욕심, 불필요한 욕심을 버려야 합니다. 디오게네스처럼 욕심을 지혜롭게 다스릴 줄 알아야 합니다. 지나친 욕심을 버리고 자신의 소유와 자신의 인생의 몫에 만족할 수 있는 자가 곧 행복한 자입니다. "어떤 형편에든지 나는 자족하기를 배웠노라." 이것이 성경이 가르치는 지혜입니다.

솔로몬도 인생의 말년에 그가 누린 부귀영화의 무상함을 실토하지 않았습니까? "헛되고 헛되며 헛되고 헛되니 모든 것이 헛되도다. 내가 해 아래서 행하는 모든 일을 본즉 다 헛되어 바람을 잡으려는 것이로다."

돈은 사람을 소유욕으로부터 자유롭게 해주지 못합니다. 돈은 많이 가지면 가질수록 그 돈을 소유하고 지배하는 것이 아니라 어느 순간부터 돈의 노예가 되어버립니다.

칸트는 그의 《실천이성비판》에서 "도덕은 어떻게 하면 행복해지는가를 가르치는 것이 아니라 어떻게 하면 행복에 알맞은 자가 될 수 있는가를 가르친다."라고 했습니다. 행복이란 쾌락과 부와 명예를 소유한 자에게 주어지는 것이 아니라 행복을 누릴만한 자에게 주어진다는 것입니다.

자신의 존재와 주어진 현실을 긍정하는 자, 자신의 소유와 자신의 인생의 몫에 자족(自足)할 수 있는 자, 스스로 자신의 행복을 찾아내고 행복을 만들어갈 수 있는 자, 이런 사람이 행복을 누릴 자격이 있는 사람입니다.

"우리는 각자 자기에게 맞는 옷을 입어야 하듯이 자기에게 맞는 행복을 추구해야 한다." 행복을 바라는 모든 사람이 기억해야 할 하나의 좋은 교훈이라 하겠습니다.

원만한 인간관계를 원하나요?

우리가 잘 아는 김춘수의 '꽃'이란 시에 이런 구절이 나옵니다.

우리들은 모두 무엇이 되고 싶다.
너는 나에게 나는 너에게
잊혀지지 않는 하나의 의미가 되고 싶다.

그렇습니다. 인간은 홀로 살아가는 존재가 아니라 너와 나의 관계를 통해 의미를 찾고 의미를 나누며 살아가는 존재입니다. 인간은 태어나면서부터 죽을 때까지 불가피하게, 좋든 싫든 주위 사람들과 어떤 관계를 맺어가며 살아갑니다. 이러한 인간의 존재양식을 아리스토텔레스는 "인간은 사회적 동물이다."라고 했고 생물학에서는 인간은 집단 속에서 함께 살아가는 '군집(群集)성 동물'이라 했습니다.

인간관계는 우리의 삶에 있어서 행복과 기쁨의 원천이 되기도 하며,

반대로 불행과 슬픔의 원인이 되기도 합니다. 지금까지 자신의 삶에 있어서 가장 행복했을 때와 불행했을 때를 한번 생각해 보십시오. 아마도 행복도 불행도 그 이유가 주로 인간관계 때문이었을 것입니다. 가정이 경제적으로 어려워도 가족이 서로 사랑하고, 돕고, 아껴주고, 위로해 주면 그 어려움을 족히 이겨낼 수 있습니다. 그러나 돈이 아무리 많아도 가족이 서로 불화하고 미워하고 반목이 끊이지 않으면 그 가정은 불행합니다.

이와 같이 인간관계는 소중하고, 그래서 우리 모두가 아름다운 인간관계를 갖기를 원하지만 인간은 본질적으로 다른 사람과 원만한 인간관계를 이루어나가기가 어렵습니다. 그 이유는 인간은 누구나 이기적 속성을 가진 존재이며 동시에 자기중심적인 존재이기 때문입니다. 인간은 본성적으로 먼저 자신의 이익을 추구하며 자신의 욕망을 채워나가려고 합니다. 남을 생각하고 남을 배려하지 않습니다. 뿐만 아니라 인간은 대부분 자신의 생각과 판단과 행동이 항상 옳다고 생각합니다.

이런 속성을 지닌 인간이 주위 사람들과 공동체를 이루며 살아갈 때 서로간의 관계 속에서 갈등과 다툼이 발생하고, 시기와 질투, 속임과 배신 등이 일어나는 것은 어쩌면 당연한 일인지도 모릅니다. 이런 점에 있어서는 교회를 다니는 그리스도인들도 세상 사람들과 크게 다르지 않습니다.

여기서는 바람직한 인간관계를 위해, 특히 우리가 사용하는 언어와 관련하여 생각해 보겠습니다. 인간관계의 형성은 대체로 언어를 통해 이루어집니다. 특별한 경우가 아니면 주로 대화를 주고받으며 친밀해지기도 하고 관계가 멀어지기도 합니다.

그런데 한국 사람들의 대화양식은 비언어적인 의사소통에 의존하고 있는 경우가 참 많습니다. 솔직한 자기표현을 감추면서 다른 사람이 자신의 생각과 감정을 헤아려 주기를 막연하게 기대합니다. 특히 가정에서 부부 사이나 부모 자식 사이에 있어서 그렇습니다. '내가 말하지 않아도 상대방이 내 입장이나 형편을 이해하고 있겠지.'라고 막연히 생각합니다. 그래서 서로 마주 앉아 진솔한 대화를 잘 하지 않습니다.

그러나 이것은 잘못입니다. 내가 구체적으로 말하지 않으면 상대방은 내 마음의 생각과 내 입장을 정확하게 알 수 없습니다. 따라서 가족 간에도 의도적으로 대화를 나누는 시간을 확보하고 서로의 마음을 솔직하게 나눌 수 있도록 노력을 해야 합니다.

또 하나는 대화를 나눌 때 극단적인 언어를 피하는 것입니다. 우리나라 사람들은 기질이 감성적이어서 서로 차분하게, 논리적으로, 이치에 맞게 대화를 이어가는 것이 아니라 조금만 자기 생각에 거슬리면 곧잘 화를 내고 말이 거칠어집니다. 때로는 언어폭력에 가까운 험한 말들을 쏟아냅니다. 이런 거친 말들은 말하는 사람의 본심과는 달리 듣는 사람의 가슴에는 비수같이 날아들어 상처를 줍니다.

성경에는 말의 실수와 허물에 대한 내용이 많이 나옵니다. 에베소서 (6:4)에는 "또 아비들아 너희 자녀를 노엽게 하지 말고 오직 주의 교훈과 훈계로 양육하라." 골로새서(3:21)에는 "아비들아 너희 자녀를 노엽게 하지 말지니 낙심할까 함이라."라고 말씀하고 있습니다. 말로써 자녀를 노엽게 하거나 격노케 하지 말라는 거지요.

우리가 사용하는 거친 말이나 극단적인 말들로 인해 오랜 세월 쌓아왔던 사랑과 신뢰가 일시에 무너지는 경우가 많습니다. 한번 엎어진 물은 담을 수 없는 것과 같이 한번 입에서 나온 말은 쓸어 담을 수 없습니다. 마찬가지로 말의 실수로 인해 한번 금이 간 인간관계는 원상태로 회복하기가 어렵습니다.

따라서 원만한 인간관계를 위해 가장 주의해야 할 일이 바로 우리가 사용하는 말입니다. 특히 다른 사람에게 충고나 훈계, 질책할 때 소리를 높이지 말고 부드러운 말을 사용해야 합니다. 인간관계에 있어서 아무리 화가 나도 절대로 넘어서는 안 될 선은 넘지 말아야 합니다. 이것은 인간관계에서 하나의 원리와 같은 것입니다. "말에 실수가 없는 자라면 곧 온전한 사람이라."라는 야고보서(3:2)에 나오는 말씀이 인간관계의 귀한 교훈이 됩니다.

그러나 원만한 인간관계를 위해 이보다 더 중요한 것은 상대방에 대한 겸손한 마음과 태도입니다. 겸손의 미덕을 갖기 위해서는 나 자신의 부족함과 불완선함을 아는 것이 무엇보다 중요합니다. 내가 상대방보다 낫다고 생각하는 한 우리는 겸손한 자세를 가질 수 없습니다.

이 세상에 완전한 사람은 없습니다. 어딘가 부족한 것이 인간입니다. 우리가 서로를 만나고 인간관계를 갖는 것은 이렇게 부족한 점을 보충

하고 채우기 위해서입니다.

　옛날 어느 마을에 한 남자가 살고 있었는데 이 남자는 항상 '완벽한 여자'를 만나 완벽하게 행복한 삶을 살기를 꿈꾸는 사람이었습니다. 그는 마을에서 그런 여자를 부지런히 찾아봤으나 찾을 수가 없었습니다. 그렇다고 아무 여자와 결혼한다는 것은 상상도 할 수 없는 일이었습니다.
　드디어 그는 완벽한 여자를 찾기 위해 그 마을을 떠났습니다. 이 세상 어딘가에는 분명히 그런 여자가 있을 것 같았습니다. 그가 마을을 떠난 지 오랜 세월이 흘렀습니다.
　하루는 그의 친구가 반백의 머리에 허름한 옷을 입고 혼자 힘없이 그 마을로 돌아오는 한 남자를 발견했습니다. 한눈에 봐도 그가 오래전에 완벽한 여자를 찾기 위해 그 마을을 떠난 친구임이 틀림없었습니다.
　"여보게, 자네 오래 전에 이 마을을 떠난 아무개가 아닌가?"
　"그렇다네. 내가 바로 아무개지."
　"그런데 자네 어째서 혼자 돌아오는가? 그래, 그렇게 오랜 세월동안 완벽한 여자를 만나지 못했는가?"
　"왜, 만났지."
　"그런데 왜 그 여자와 결혼하지 않았는가?"
　그때 그 남자가 이렇게 말했습니다.
　"그 여자도 나처럼 완벽한 남자를 찾고 있더구먼."

　인간은 모두가 불완전한 존재임을, 그래서 자기 자신도 불완전한 존재라는 것을 그 남자는 알지 못했던 것입니다. 그렇습니다. 우리는 자신의 부족함이나 불완전함은 생각지도 않고 상대방의 결점만을 보고 지적하는 우(愚)를 범하고 있지 않은지 반성해 볼 일입니다.

겸손이란 바로 자신의 부족함을 아는 마음입니다. 자신의 부족함을 아는 사람은 다른 사람 앞에서 자신을 낮춥니다. 겸손한 마음을 가진 자를 싫어할 사람은 아무도 없습니다. 교만은 인간관계의 적이지만 겸손은 원만한 인간관계를 위한 지름길입니다.

인간관계의 원리 1 : 갈등 해결하기

　우리는 살아가면서 주위 사람들과 자주 갈등을 일으킵니다. 이러한 갈등은 때로는 심각한 문제 때문에 일어나기도 하지만 별것도 아닌 아주 사소한 문제로 일어나기도 합니다. 특히 가정에서 그렇습니다. 부부 사이나 자녀와의 사이에서 곧잘 나타납니다. 그러나 일단 갈등이 일어나면 이러한 갈등이 우리를 아주 힘들고 고통스럽게 합니다.
　가정 밖에서 사회생활을 하는데도 많은 어려움이 있는데 가정에서까지 가족 간의 갈등을 겪게 되면 인생은 더욱 힘들어집니다. 갈등은 우리 마음에 상처를 주기도 하고, 우리의 삶을 피곤케 하기도 하며, 삶의 의욕을 빼앗아 가기도 합니다. 그러므로 갈등은 반드시 해결해야 합니다. 그러면 원치 않게 일어나는 이러한 갈등은 어떻게 해결해야 할까요?
　무슨 문제든지 문제의 해결은 그 문제를 해결하겠다는 결단을 내리는 데서부터 시작됩니다. 갈등의 문제도 마찬가지입니다. 물론 갈등 가운데는 시간이 가면 저절로 해결되는 것도 있습니다. 세월의 흐름과 함께 저절로 잊혀질 수도 있습니다. 그러나 대부분의 경우 갈등은 우리가 스스로 해결하지 않으면 우리를 계속 따라다니며 괴롭힙니다.

어떤 사람들은 갈등이 생기면 그것을 외면하거나, 방치하거나, 또는 도피하려고 합니다. 특히 부부 사이에서나 자녀와의 사이에서 그렇습니다. 그냥 며칠 지나면 괜찮겠지, 해결되겠지, 라고 생각합니다. 그런데 그게 아닌 경우가 많습니다. 갈등을 외면하거나 도피하는 것은 일시적인 방편에 불과하지 문제가 해결되는 것은 아닙니다. 우리는 힘들어도 갈등에 직면하고 갈등을 풀어나가야 합니다. 갈등 해결의 첫 단계는 바로 갈등을 시인하고 갈등을 해결하겠다는 결단을 내리는 것입니다.

지혜로운 사람은 어떤 문제에 직면하든지 그 문제의 양면, 즉 긍정적인 면과 부정적인 면을 함께 봅니다. 따라서 갈등이 발생하는 경우도 부정적인 면 이외에 긍정적인 면을 함께 볼 줄 알아야 합니다. 갈등의 긍정적인 면에 초점을 맞추면 의외로 갈등을 쉽게 해결할 수 있습니다.

갈등이 있다는 것은 아직도 서로에게 관심이 있다는 증거입니다. 이를 거꾸로 말하면 갈등이 전혀 없다는 것은 관심이 없다는 것일 수도 있습니다. 따라서 부부 사이에, 부모와 자식 사이에, 시어머니와 며느리 사이에 갈등이 있다는 것은 아직도 그들에게 관심이 있고 그들을 사랑하고 있다는 표시입니다. 이렇게 생각하는 것이 바로 갈등의 긍정적인 측면을 보는 방법입니다.

또한 갈등이 일어났을 때 상대방과의 공통분모를 찾는 지혜가 필요합니다. 갈등은 상대방과 생각이나 판단이 서로 다르기 때문에 일어나는 것입니다. 그러므로 우리는 그러한 차이들 가운데서도 무엇인가 일치하는, 서로에게 공통되는 공통분모를 찾는 것이 필요합니다.

아무리 나와 다르고, 그래서 서로 갈등 관계에 있는 사람이라 하더라도 그 사람과 나 사이에 무엇인가 비슷한 공통점이 있을 것입니다. 그것이 성격이 되었건, 자라온 환경이 되었건, 직업이 되었건, 취미가 되었건, 삶의 목표가 되었건, 태어난 고향이 되었건 서로 비슷하고 공통적인 것이 있다면 그것을 갈등 해결의 연결고리로 삼는 것이 필요합니다.

리더십의 권위자 존 맥스웰(J. Maxwell)은 '갈등해결을 위한 101% 원리'를 이렇게 제시합니다.

> 성공적인 갈등해결의 비결은 101%의 원리를 따라 사는 것이다. 만일 당신과 갈등관계에 있는, 그래서 당신을 정말로 힘들게 하는 사람이 있다면 당신과 그 사람 사이에 일치하는 1%를 발견하라. 그리고 그 1%의 공통분모를 공유하기 위해 100%의 노력을 쏟아 부으라. 그러면 그 1%의 실마리가 당신과 상대방을 함께 묶어주는 연결고리의 역할을 하게 될 것이다.

이러한 원리에 딱 들어맞는 사례가 있습니다.

시골 어느 조그마한 교회에 한 목사님이 부임하게 되었습니다. 교인 수도 얼마 되지 않았고 대부분 교인들도 아주 순박하여 목회하는데 별로 어려움이 없는 것 같았습니다.

그런데 시간이 지남에 따라 그 교회 집사님 가운데 성격이 아주 까다롭고 남을 힘들게 하는 사람이 있음을 알게 되었습니다. 그 집사님은 목사님이 하는 일들을 사사건건 간섭하기 시작했습니다. 다른 교인은 아무 말이 없는데 유달리 그 집사님만은 생트집을 잡곤 했습니다.

알고 보니 지금까지 그 교회에 온 목사님들 가운데 그 집사님 때문에 교회를 떠난 목사님도 여럿이 있었습니다. 목사님 하는 일에 대해 별다른 뚜렷한 이유도 없이 비판을 일삼고, 목사님의 결점을 찾아내어 그것을 악의적으로 소문을 퍼트리고, 뒤에서 다른 교인들을 선동하여 목사님을 모함하는 등 온갖 나쁜 짓을 다 하고 다녔습니다.

수개월 동안 목사님은 마음고생이 많았습니다. 그리고 그 집사님과의 갈등을 해결하기 위해 온갖 노력을 다 해 보았으나 허사였습니다. 그래서 목사님도 그 교회를 떠날까 하는 생각도 해 보았습니다.

그러던 어느 날 목사님은 우연찮게도 그 집사님의 아이 하나가 입양아라는 사실을 알게 되었습니다. 목사님의 아이 가운데 하나도 사실은 입양아였습니다. 이 사실을 알게 된 목사님은 언뜻 이런 생각이 들었습니다.

어쩌면 자기와 집사님 사이에 입양아 문제로 대화거리가 있을 것 같고 이를 통해 그 집사님과의 힘든 관계가 해결될 수 있을 것 같은 생각이 들었습니다.

목사님은 며칠을 곰곰이 생각하다가 어느 날 새벽 입양한 자기 아이를 데리고 그 집사님 집을 방문했습니다. 그리고 그 날은 오직 입양아 문제만을 가지고 대화하리라고 마음을 먹었습니다.

목사님은 집사님과 마주 앉자마자 인사말을 나눈 후에 곧장 입양아 문제로 화제를 돌렸습니다.

 "집사님, 사실은 제 아이가 입양아입니다. 남들에게는 이 사실을 말하지 않았지만 아이가 커 갈수록 생각지도 않는 문제들이 자꾸 생기네요."

 이렇게 대화를 시작하자 이 집사님은 온통 목사님의 말에 관심을 가지고 귀를 기울이며 이내 말문을 열기 시작했습니다. 그날 저녁 두 사람은 서로가 입양한 아이를 키우는데서 일어나는 문제들에 대해 몇 시간 동안 이야기를 주고받았습니다. 그리고는 자신들도 모르게 서로가 서로를 이해하며 공감대를 형성하고 오늘 대화가 너무나 유익했다고 고백했습니다. 그리고 앞으로 자주 만나 아이들의 양육과 교육 문제들에 대해 이야기를 나누자고 약속하고 헤어졌습니다.

 그런데 그 일이 있고난 후 그 집사님은 목사님을 비난하기는 고사하고 오히려 목사님과 아주 가까운 사이가 되어 목사님과 좋은 인간관계를 가졌을 뿐만 아니라 목사님의 목회에도 큰 도움을 주며 인간적으로도 아주 친하게 지내게 되었다고 합니다.

 그 목사님은 자신과 집사님과의 입양아라는 1%의 공통분모를 통하여 이를 연결고리로 삼아 성공적인 인간관계를 맺을 수 있었던 것입니다.

 이런 면에서 부부 사이에도 공통분모를 만들어 나가는 것이 필요합니다. 함께 공통된 취미를 갖는 것도 공통분모를 만들어 가는 방법 중의 하나가 될 수 있습니다. 부부 사이에 공통된 취미가 있다는 것은 공통된 대화거리가 있다는 것과 같습니다. 대화 거리가 많으면 자연히 서로 대화도 많이 하게 될 것이고 이로 인해 부부 사이의 갈등도 해소되고 부부사이도 행복해질 것입니다.

인간관계의 원리 2 : 분노 다스리기

　인간관계를 깨뜨리는 가장 무서운 적이 바로 분노입니다. 우리는 흔히 우리 마음속에 다른 사람에 대한 분노를 가지고 있는 것을 별로 심각하게 생각하지 않습니다. 때로는 분노가 있다는 걸 모르기도 합니다. 이 분노는 우리의 마음속 아주 깊은 곳, 심층부에 자리 잡고 있어 평소에는 잘 표출되지 않기 때문입니다. 분노는 언제 폭발할지 모를 시한폭탄 같이 우리 마음속에 잠복해 있습니다.
　분노의 원인에는 다음과 같은 것들이 있습니다.
　첫째, 과거 다른 사람들로부터 받은 상처입니다. 남이 나를 비난하고 무시할 때, 언어폭력이나 성폭력과 같은 폭력을 당했을 때, 어렸을 때의 지나친 가난이나 불행했던 주위환경, 친구로부터의 따돌림, 선생님이나 부모님으로부터의 심한 꾸지람 등 이 모든 것들이 상처가 되어 분노로 마음속에 남아 있는 것입니다.
　둘째, 분노는 기대와 관련이 있습니다. 이러한 기대는 자신과 타인에 대한 기대 모두를 포함합니다. 특히 부부 사이나 부모 자식 사이에 있어 그렇습니다. 상대방에 대한 지나친 기대는 금물입니다. 상대방에 대한 지나친 기대는 우리를 실망하게 하고 때로는 분노하게 합니다. 현재의 남편과 아내, 현재의 자녀를 있는 모습 그대로 인정하고 이해해야 합니다.

셋째, 내가 원하는 것들이 이루어지지 않을 때, 또는 내가 원치 않는 일들이 발생할 때 분노가 일어납니다. 우리의 인생은 우리가 원하는 대로 되지 않을 때도 많습니다. 원치 않는 실패와 좌절을 경험하기도 하며, 예상치 못한 질병과 사고로 고통을 당하기도 합니다. 때로는 주위 사람들이 우리를 속이고 배신하기도 하며 사랑하는 사람들이 우리 곁을 떠나기도 합니다.

이런 일을 당할 때 우리는 이런 일들이 나에게도 일어날 수도 있음을 담담하게 받아들일 줄 알아야 합니다. 'why me?'가 아니라 'me too'라고 생각해야 합니다.

또 내가 원하는 대로 되지 않을 때 그 원인을 깊이 생각해 보는 것도 필요합니다. '뿌린 대로 거두는 것'은 자연의 원리인 동시에 인간관계의 원리이기도 하기 때문입니다. 우리는 좋은 열매를 맺는 일에만 신경을 썼지 좋은 씨앗을 뿌리는 일에는 관심을 갖지 않는 경우가 많습니다. 좋은 결과를 기대한다면 좋은 원인을 심어두어야 합니다. '내가 전에 뿌린 것을 지금 거두고 있다.'고 생각하는 것이 지혜입니다.

분노는 우리의 마음과 육체를 상하게 합니다. 분노는 자율신경을 긴

장시킵니다. 자율신경의 긴장은 여러 가지 증상으로 나타납니다. 때로는 위염이나 가슴통증으로, 때로는 혈압상승이나 긴장성 대장염으로 나타나기도 합니다. 인간의 몸과 마음은 떼어서 생각할 수 없습니다. 마음의 분노나 상처가 적절하게 처리되지 않으면 몸도 함께 고통을 받게 됩니다.

그렇다면 당연히 마음속의 분노를 풀어야 되겠지요. 마음속에 담아두어서는 안 됩니다. 많은 사람들은 분노를 술로 풀려고 합니다. 술을 한 잔 하며 다 잊으라고 말합니다. 그러나 술이 근본적인 해결책이 될 수 없음은 우리 모두 잘 알고 있습니다.

화가 날 때, 분노가 일어날 때 다음과 같은 질문을 던져보시기 바랍니다.

첫째는 '내가 왜 화를 내는가?'라는 질문입니다. 화를 내는 이유가 무엇인가? 정말 화를 낼만한 이유가 있는가? 아니면 오해인가? 별 일도 아닌데 도가 넘게 화를 내고 있는 것은 아닌가?

이 경우 대개는 별 일도 아닌데 괜히 정도 이상 화를 내는 경우가 많습니다. 상대방의 잘못의 수치가 5정도인데 화는 10을 내는 것을 말합니다. 자녀들의 잘못이 5인데 부모가 5만큼 화를 내면 자녀들은 절대 상처를 받지 않습니다. 자기는 5정도 잘못했는데 부모님이 10의 화를 낼 때 자녀들이 상처받는 것입니다. 그러니 화가 날 때는 항상 '내가 왜 화를 내는가?' '별 일도 아닌데 도가 넘게 화를 내고 있는 것은 아닌가?' 라고 스스로에게 물어봐야 합니다.

둘째는 '내가 누구를 위해 화를 내는가?'라는 질문입니다. 자신을 위해서인가? 상대방을 위해서인가? 이렇게 화를 내면 누구한테 득이 될 것인가? 나한테 득이 될 것인가 아니면 상대방에게 득이 될 것인가? 아니면 나와 상대방 모두에게 손해가 될 것인가? 등과 같은 질문들입니다. 이 경우도 대답은 뻔합니다. 이유가 무엇이 되었건 일단 화를 내면 나와 상대방 모두에게 손해가 됩니다. 그렇다면 일단 화는 참아야 합니다.

셋째는 '화를 냄으로써 문제가 해결될 수 있는가?'라는 질문입니다. 화를 낼만한 충분한 이유가 있더라도 화를 냄으로써 문제가 해결 될 수 있는지 아니면 문제가 더 어렵게 꼬일 것인지를 생각해 볼 일입니다. 화를 내는 것이 문제 해결의 도움이 될 것인지, 참는 것이 문제 해결의 도움이 될 것인지 그 결과를 한번 생각해 보자는 것입니다. 결과는 뻔합니다. 화를 내면 문제는 꼬이게 되어있습니다.

고대 스토아철학자는 인간의 마음을 정원에 비유하였습니다. 정원은 잘 가꾸어야 합니다. 특히 여름 장마철에는 가꾸지 않은 정원은 금방 잡초가 무성하게 자랍니다. 그래서 아름다운 정원이 아니라 보기 흉한 잡초 밭이 되어버립니다. 인간의 마음도 그렇다는 것입니다. 자연의 품성 그대로 두면 어느새 우리의 마음은 황폐해져 버립니다. 그래서 항상 우리의 마음을 잘 가꾸고 다스려야 합니다. 특히 마음속의 분노를 잘 다스려야 합니다.

성경은 "분을 내어도 죄를 짓지 말며 해가 지도록 분을 품지 말고 마귀로 틈을 타지 못하게 하라."고 말씀하고 있습니다. 이 말씀은 예수 믿는 사람도 마음속에 분이 있고, 또 분을 낼 수도 있음을 전제한 말씀입니다. 다만 그것을 오래 품고 있지 말라는 것입니다. 왜냐하면 그렇게 될 때 그 분노가 죄로 이어질 수 있고, 분노하는 마음에 마귀가 틈탈 수 있기 때문입니다.

잠언(15:18)에서는 "지혜로운 사람은 노하기를 더디 한다."라고 가르치고 있습니다. 성도의 삶 가운데서 하나님의 영광을 가리는 주범이 분노입니다. 그래서 분노 후에는 반드시 후회를 하게 됩니다. 스스로의 마음을 잘 다스려서 노하기를 더디 하는 자가 지혜로운 자입니다.

인간관계의 원리 3 : 다름에 대한 이해

원만한 인간관계를 위해 꼭 필요한 것 가운데 하나는 상대방을 이해하는 것입니다. 생각을 조금만 바꾸어 상대방을 이해해 주면 아무 문제가 아닌데 상대방을 이해해 주지 못해 문제가 일어나는 것입니다.

특히 가정생활 가운데 부부 사이에, 부모와 자녀 사이에 서로 생각이 다른 것을 조금만 이해하고 받아주면 되는데 이것을 하지 못해 상대방을 오해하고 충돌을 일으키는 경우가 얼마나 많은지 모릅니다. 부모와 자녀 사이에 의견의 차이가 있을 때 항상 부모의 생각이 옳다고 주장하지 마십시오. 대부분은 그렇지만 모든 일에 다 그런 것은 아닙니다. 그러니 자녀의 생각을 이해하도록 노력해야 합니다.

교회도 마찬가지입니다. 교회에서 일어나는 문제들 가운데 신앙적인, 혹은 신학적인 문제로 인해 교인들 사이에 문제가 일어나는 경우는 거의 없습니다. 대부분의 경우 목회자와 성도, 또는 성도와 성도 사이에 발생하는 인간관계 때문에 교회가 시끄럽고 심지어는 교회가 갈라지는 경우도 있습니다.

 최근 몇 년간의 통계를 보면 우리나라의 이혼 건수가 일 년에 약 12~13만 쌍 정도입니다. 매일 350쌍 정도가 이혼을 하는 꼴입니다. 그런데 이혼 사유의 약 48% 가량이 부부사이의 성격차이 때문입니다.

 상대방을 이해하는데 있어 서로 '맞지 않은 것' 즉 '서로 다른 것'을 어떻게 받아들여야 하는지를 깊이 생각해 볼 일입니다. 우리는 서로의 성격과 기질, 성장 배경과 환경, 외모와 스타일, 사고방식과 생활양식, 관심과 취미, 가치관과 인생관, 욕망과 소망 등이 다르다는 것을, 같을 수가 없다는 것을 자연스럽고 당연한 것으로 인정하고 받아들여야 합니다.
 우리가 서로 대화를 나누다 나와 생각이 반대인 경우 "말도 안 되는 소리 하지 마."라는 말을 많이 씁니다. 그러나 조금만 깊이 생각하면 이 말이 얼마나 터무니없는 말인가를 알 수 있습니다. 내 쪽에서 보면 말이 안 되지만 상대방의 입장에서 보면 그것이 옳은 말입니다. 또 제 삼자의 입장에서 보면 그 말이 충분히 일리가 있을 수도 있습니다.
 상대방을 억지로 자신의 생각, 자신의 사고나 가치관의 틀 속에 맞추려고 해서는 안 됩니다. 특히 자녀들을 부모의 생각이나 가치관의 틀 속에 억지로 맞추려고 하지 마십시오. 오히려 자녀들의 생각이나 가치관을 존중해 주려 하고 이해해 주려 해야 합니다.

 가끔 제자들의 결혼 주례를 서는 경우가 있습니다. 이때 새로 부부가 되는 신랑 신부에게 당부하는 말 가운데 이런 이야기를 해주곤 합니다.

신랑 신부, 결혼이란 상대방과의 결합을 뜻하는 동시에 자기 자신의 일부를 포기하고 버리는 것을 의미합니다.

흔히 결혼이란 서로 남남이던 두 사람이 만나 하나가 되는 것을 의미한다고 합니다. 그런데 지금까지 남남이던 두 사람이 만나서 어떻게 하나가 될 수 있겠습니까?

단순히 한 사람+한 사람 = 두 사람이지 한 사람이 되지는 않습니다. 결혼이란 수학 공식은 1+1=2가 아니라 1/2 +1/2=1이라는 것을 잊지 마시기 바랍니다.

신랑 신부, 이 시간 이후 자신의 것 절반을 버리십시오. 자신의 생각, 자신의 주장, 자신의 욕심, 자신의 소망, 자신의 취미… 이 모든 것의 절반을 포기해야 합니다. 그리고 그 포기한 자리에 상대방의 1/2을 채워야 합니다.

부부간의 진정한 행복이란 부부가 하나 되어야 함에 있는데 이 하나 됨을 위해 자신의 절반을 버릴 줄 아는 지혜와 용기를 갖기 바랍니다.

이것은 단순히 부부간의 관계에 있어서 뿐만은 아닙니다. 모든 인간관계에서도 마찬가지입니다. 원만한 인간관계, 바람직한 인간관계를 위해서는 자신의 것을 절반 버리고 그 자리에 상대방의 절반을 채워 넣어야 합니다. 자신의 것을 절대 포기하지 않고, 자신의 생각, 자신의 주장, 자신의 욕심은 그대로 둔 채 상대방만 자신에게 맞춰라, 따라오라고 해서는 안 됩니다.

나와 인간관계를 맺고 있는 모든 사람들이 나와 서로 다르다는 것을 인정하고 그 다른 부분들을 이해하는 것이 원만한 인간관계를 갖는데 매우 중요한 요인이 된다는 것을 알아야 합니다.

우리는 나와 다른 사람을 이해해 주는 모습을 예수님을 통해 배울 수 있습니다. 예수님이 십자가에 못 박히시기 전 겟세마네 동산에서 기도하실 때의 일입니다. 베드로와 야고보와 요한을 따로 데리고 가시며 그들에게 부탁하시기를 "내 마음이 심히 고민하여 죽게 되었으니 너희는 여기 머물러 깨어 있으라."라고 하시고 좀 떨어진 곳에 가서 땀이 핏방울이 되도록 기도한 후 제자들에게 와보니 제자들이 자고 있었습니다.

이때 예수님이 하신 말씀입니다. "시몬아 자느냐, 네가 한 시 동안도 깨어 있었을 수 없었더냐?"라고 말씀하시며 "마음에는 원이로되 육신이 약하도다."라고 제자들의 연약함을 이해해 주는 장면이 나옵니다.

육신이 약하여 졸고 있는 것은 비판받아 마땅하나 '제자들의 마음은 기도하기를 원했다.'고 인정하고 제자들을 이해하고 있는 것입니다. 결과는 잘못되어 책망 받아 마땅하나 의도는 인정하고 이해하는 것입니다.

십자가 위에서도 예수님은 이렇게 말씀하십니다. "아버지여 저들의 죄를 용서하여 주옵소서. 자기들의 하는 일을 알지 못함이니이다." 자신을 욕하고, 침 뱉고, 못 박는 자들을 몰라서 그런 것이라고 이해하고 하나님께 용서를 구한 것입니다.

우리가 이런 예수님의 마음을 갖는다면 남을 이해하지 못할 것은 아무것도 없을 것입니다.

인간관계의 원리 4 : 남을 배려하기

《섬기는 부모가 자녀를 큰 사람으로 키운다》라는 책이 있습니다. 여섯 자녀를 세계적인 인물로 키워 낸 전혜성 여사가 쓴 자녀 교육서입니다.

저자는 보스턴 대학에서 인류학과 사회학으로 박사학위를 받았고 많은 연구소와 정부기관에서 일하다가 현재는 미국에서 한국을 알리기 위해 직접 연구소를 만들어 운영하고 있습니다. 저자의 여섯 자녀들은 모두 미국의 명문대학에서 학위를 받고 미국 정부와 학계에서 중요한 역할을 감당하고 있습니다.

이 책에서 저자는 이렇게 말합니다. "사람들은 우리를 보고 성공했다고 말한다. 특히 우리 자녀들을 보면서 성공적으로 자녀를 키웠다고 말한다. 그러나 내가 자녀를 성공적으로 키웠다고 생각하는 것은 그들의 학위나 지위가 아니라 인간관계이다." 저자가 자녀들을 키우면서 입버릇처럼 했던 말이 있습니다.

"주위 사람들과 좋은 인간관계를 가져라."

"재주가 덕을 앞질러서는 안 된다."

"다른 사람에게 도움을 주는 사람이 되어야 한다." 이런 말들이었는데 자녀들은 어머니가 원했던 사람으로 자라주었습니다. 저자는 자녀들이 주위 사람들과 좋은 인간관계를 맺으면서 행복하게 살아가고 있는 것이 자랑스럽고 그것이 바로 자신의 자녀교육의 성공이라고 고백했습니다.

요사이 가정에서 자녀들에게 입버릇처럼 하는 말들이 무엇인가요? 무한경쟁을 살아가는 우리 아이들이 매일 듣는 이야기는 "전문가가 되라." "실력을 갖추어라." "성공하라." "일류가 되어라." 등과 같은 경쟁에서 이기는, 경쟁에서 살아남는 말들입니다.

그러나 성적 좋고 공부 잘 하는 아이가 과연 진정한 의미에서 인생의 성공자라고 할 수 있는지는 다시 한 번 생각해 볼 일이 아닐까요? 오히려 전혜성 여사의 말대로 '주위의 모든 사람들과 아름다운 인간관계를 가지고', '다른 사람들에게 도움을 주며', '행복하게 살아가는 자'가 정말 인생의 성공자가 아닐까요? 이런 사람을 한 마디로 말하면 남을 '배려'하는 사람이라 할 수 있습니다.

어느 마을에 작은 슈퍼마켓을 운영하고 있는 피터라는 사람이 있었습니다. 그날도 그는 축구 경기를 보며 느긋한 마음으로 가게를 지키고 있었습니다. 그때 딸랑 딸랑 하고 문을 열고 허름한 옷차림의 여자가 어린 아기와 함께 가게에 들어왔습니다. "무엇을 드릴까요?"
"저, 분유를 한 통 사고 싶은데 가장 싼 분유는 얼마인가요?"
여자는 모기소리 만한 나약한 음성으로 말했습니다. 피터는 분유를 찾아 카운터 위에 올려놓으며 "7불 60센트입니다."라고 말했습니다. 그러나 피터는 곧 그 여자의 손에 4불밖에 없다는 것을 알아차렸습니다. 그 여자의 형편을 눈치 챈 피터는 얼른 분유통을 바닥에 떨어뜨렸습니다.

"아차, 이런 실수가 있나. 분유통을 떨어뜨렸네." 피터는 분유통을 주어 올려 먼지를 털며 여자를 향해 이렇게 말했습니다.

"분유통이 찌그러져버렸네요. 그냥 반값에 사가세요. 3불 80센트예요."

그 여자의 얼굴이 갑자기 밝아졌습니다. 피터는 여자에게서 4불을 받고 거스름돈 20센트를 내 주었습니다. 여자는 자존심이 상하지 않고 분유를 얻었고 피터는 3불 80센트에 천국을 얻었습니다.

얼마나 아름답고 감동적인 모습입니까? 3불 80센트의 작은 돈이 우리를 이토록 흐뭇하게 할 수 있는 것은 바로 피터의 '배려'하는 마음 때문입니다. 그렇습니다. 인간관계에서 가장 아름다운 말이 바로 '배려'라는 말이 아닌가 생각됩니다. 배려는 사람의 마음을 감동하게 합니다. 돈이나 물질이 줄 수 없는 진한 감동을 줍니다.

배려라는 말 속에는 깊은 사랑과 정이 담겨져 있습니다. 남을 배려한다는 것은 아무나 할 수 있는 것이 아닙니다. 아름다운 마음, 아름다운 인격을 가진 자만이 할 수 있는 가장 성숙한 행동 가운데 하나입니다.

이 세상은 우리가 생각하는 만큼 그렇게 악하지도 각박하지만도 않습니다. 남을 배려해주는 사람들이 있는 한 여전히 아름답고 훈훈한 세상임이 틀림없습니다.

이종선 씨의 《멀리 가려면 함께 가라》는 책 속에 나온 이야기입니다. 이 분이 한 중견 기업 CEO와 점심 약속을 했습니다. 그런데 차가 막혀 어쩔 수 없이 5~10분 정도 늦어질 것 같아 좀 늦겠다고 문자를 보냈습니다. 그런데 곧 답신이 왔습니다. "저도 지금 가는 중입니다."

이종선 씨는 이렇게 말합니다. "나는 그가 이미 도착했다는 것을 안다. 단지 내가 미안하지 않도록 나를 배려해서 문자를 그렇게 보낸 것이다. 나는 지금까지 약속에 늦어 문자를 보낸 적이 여러 번 있다. 그러나 '괜찮아요.' '천천히 오세요.'라는 답신은 받아봤으나 '저도 지금 가는 중입니다.'라는 답신은 처음이다. 그의 이러한 모습은 단순한 하나의 처세술이 아니라 사람을 소중하게 생각하는 그의 마음의 발로라고 본다."

현대인들의 치명적인 약점이 무엇인가요? 주위의 모든 사람들과 단절한 채 자신만을 위해 살아가는 것 아닌가요? 내가 사는 아파트 옆집, 위아래 집에 누가 사는지도 모르지 않나요? 가까운 일가친척들이 어떻게 살아가고 있는지 관심도 없이 살아가고 있지 않나요?

요즘 아이들은 학교에서 내신 성적 때문에 친구에게 노트 빌려주는 것도 꺼린다고 합니다. 지나친 경쟁의식으로 인간미는 사라지고 사람과 사람 사이의 훈훈한 정을 잃어버린 지가 오래 되었습니다.

아름다운 인간관계, 행복한 인간관계는 바로 배려하는 마음에서 비롯됩니다. 내 가족은 물론, 친구, 이웃, 사회의 약자, 소외된 자 등을 배려하는 자, 이렇게 살아가는 자가 정말 행복한 자이고, 이러한 삶이 바로 행복한 삶입니다.

인간관계의 원리 5 : 용서의 가치

성숙한 인간관계를 위해 용서하는 일은 필수적입니다. 특히 깨어진 인간관계를 회복하기 위해 용서는 무엇보다 중요합니다. 우리는 누구나 자신의 잘못에 대해 용서받고 싶어 합니다. 그러나 다른 사람의 잘못을 용서하는 데는 인색하고 주저합니다.

누군가를 용서하는 것은 쉬운 일이 아닙니다. 나의 삶과 인격을 비참하게 만든 사람을 용서하는 일은 결코 쉽지 않습니다. 그 이유는 우리 마음 깊이 남아 있는 상처 때문입니다.

상처 없는 사람은 없습니다. 중요한 것은 그 상처에 우리가 어떻게 반응하느냐 입니다. 상처받은 감정은 마치 상한 음식과 같습니다. 상한 음식이 몸을 상하게 하는 것처럼 상처받은 감정은 우리의 마음을 상하게 합니다. 상한 음식은 즉시 버려야 하듯 상한 감성도 속히 치유되어야 합니다. 상처받은 감정은 치유되지 않으면 독이 되지만 치유되면 약이 될 수도 있습니다.

상처받은 감정을 치유하는 길은 '용서'밖에 없습니다. 그냥 '상처를 잊어버리자'고 해서 잊히는 것이 아닙니다. 용서 없이 상처를 잊어버리는 것은 과거로부터 참된 자유를 얻지 못합니다. 그러므로 상처를 준 사람과 참된 의미에서 관계회복이 이루어지지 않습니다.

용서하기 위해서는 상대방의 부정적인 면, 어두운 면만을 볼 것이 아니라 그 사람의 긍정적인 면, 밝은 면도 함께 보아야 합니다. 또한 잘못된 결과만 보는 것이 아니라 선한 의도도 함께 보아야 합니다.

상대방의 실수에 대해 용서할 수 있는 조건을 찾는 것입니다. 나에게도 그 정도의 실수는 얼마든지 있을 수 있고 또 과거에도 있었다는 것을 인정하는 것입니다.

용서는 상대방을 용서하는 것이지만 사실은 내가 나 자신으로부터 참된 자유함을 얻는 일입니다. 내가 마음의 평안을 얻는 것입니다. 용서 없이는 내가 과거로부터, 상대방으로부터 참된 자유함을 얻지 못합니다. 때문에 어쩌면 용서는 나를 위한 것인지도 모릅니다.

용서할 수 있는 사람이 정말 용기 있는 사람입니다. 용서는 용기의 문제입니다. 용기를 가지고 용서할 수 있는 사람이 인간관계에서 참된 승리자입니다. 용서해야지, 용서해야지 하면서도 결국 용서하지 못하는 사람은 용기가 없는 사람입니다.

복음송 작곡가 최용덕 집사님이 고향교회에서 신앙생활을 할 때, 어떤 동료 집사님과 아주 사소한 일 때문에 말다툼을 하였습니다. 그 일로 처음에는 서로 서먹서먹하다가 차츰 사이가 벌어졌습니다.

'저보다 내가 이 교회에 먼저 나왔고 내가 저를 전도했는데. 저보다 내가 나이도 더 많은데… 나한테 대들다니 이럴 수가 있나?' 하는 마음으로 최 집사님의 심기가 불편했습니다. 그런데 저쪽에서도 마음을 닫아버렸는지 자기를 외면하기는 마찬가지였습니다.

그러기를 몇 달째 지속되다가 '내가 나이도 많고 교회도 먼저 다녔는데 내가 먼저 맘을 열고 사과해야지.' 이렇게 생각하면서도 정작 그 친구를 만나면 그만 표정이 굳어지고 외면한 채 스쳐 지나가곤 했습니다.

그러던 어느 날 그 집사님이 먼저 손을 내밀었습니다. 그쪽에서 먼저 용서를 청했던 것입니다. 둘은 서로를 꼭 끌어안고 숨 막힐 듯 상대편 심장의 고동을 느끼며 오래도록 포옹하였습니다. 그리고 울었습니다. 그렇게 해서 두 사람의 관계는 다시 옛날처럼 회복되었습니다.

그런데 그 집사님과 화해한지 한 달 만에 그 집사님은 갑작스런 교통사고로 먼저 세상을 떠났습니다. 장례식을 치르고 난 얼마 후에 그 집사님의 부인이 고인의 유품을 정리하다가 발견한 거라며 일기장 한 대목을 최 집사님에게 보여주었습니다. 일기장에는 이렇게 적혀 있었습니다.

"내가 예수님 다음으로 존경하는 사람은 최용덕 집사님이다. 왜냐하면 그는 나를 이 교회로 전도하여 예수를 믿게 하였고 또 나에게 용서와 사랑을 가르쳐 주며 믿음을 강하게 해준 사람이기 때문이다."

이 글을 접한 최 집사님은 머리를 방망이로 얻어맞은 것 같은 큰 충격을 받았습니다. 그는 몸부림치며 흐느껴 울었습니다. 통회자복하며 기도하였습니다. 그 집사님이 손을 내밀기 전에, 자기가 먼저 손 내밀고 화해하지 못한 것을 통탄하며 회개했습니다. 이제 일기장에 적힌 그의 진심을 읽고 사과하려 해도 사과를 받아줄 친구는 이미 고인이 됐으니 어쩔 도리가 없었습니다.

그는 이미 고인이 된 자기 친구 집사님을 생각하며 가슴을 찢으며 '오늘 나는'이라는 복음송을 작곡했습니다. 가사는 이렇습니다.

> 내가 먼저 손 내밀지 못하고, 내가 먼저 용서하지 못하고
> 내가 먼저 웃음 주지 못하고, 이렇게 머뭇거리고 있네.
> 그가 먼저 손 내밀기 원했고, 그가 먼저 용서하길 원했고
> 그가 먼저 웃음 주길 원했네, 나는 어찌 된 사람인가.
> 오 간교한 나의 입술이여, 오 더러운 나의 마음이여
> 왜 나의 입은 사랑을 말하면서, 왜 나의 맘은 화해를 말하면서
> 왜 내가 먼저 져줄 수 없는가, 왜 내가 먼저 손해 볼 수 없는가.
> 오늘 나는, 오늘 나는, 주님 앞에서 몸 둘 바 모른 채
> 이렇게 흐느끼고 서 있네, 어찌할 수 없는 이 마음 주님께 맡긴 채로.

그렇습니다. 용서는 용기의 문제입니다. 용서할 때 이것저것 손익계산을 따지는 사람은 용서를 할 수 없습니다. 그런 사람은 주저주저 하다가 결국은 용서하지 못하게 됩니다. 용서는 그냥 용서하는 겁니다. 내가 좀 손해를 보더라도, 내 체면이 좀 깎이더라도, '내가 먼저 용서해야지' 하고 용서하는 겁니다. 너무 자신의 자존심을 내세우지 말아야 합

니다. 정말 알량한 자존심 때문에 인간관계가 깨지는 경우가 얼마나 많은지 모릅니다. 용서는 그냥 눈 딱 감고 하는 것입니다.

오늘날 한국 기독교의 성자라고 부르는 김요석 목사님이 있습니다. 그는 일찍이 독일로 유학 가서 그곳에서 신학을 공부하고 박사학위까지 얻고 귀국했다.

그는 독일에서 신학을 공부하는 동안 그곳의 신학교수들은 물론 학생들까지도 너무나 성경을 그들의 이성적인 잣대로 해석하고, 심지어는 하나님의 존재까지도 믿지 않는 신신학적인 풍토에 실망했습니다. 그래서 한국에 돌아와서는 하나님을 뜨겁게 사랑하고 성경 말씀대로 살아보기 위해 시골 조그마한 교회에 가서 자신의 믿음과 소신대로 목회를 하고 싶었습니다.

그래서 그는 소록도 나환자촌에 있는 나환자들만이 모이는 교회에 가기로 결심하고 그 곳에서 목회를 시작했습니다. 그 곳에서 그는 나환자와 똑같은 생활을 하며 그들과 함께 먹고 자며 예수 그리스도의 사랑을 실천했습니다.

그런데 그 교회에 하루는 나환자가 아닌 사지가 멀쩡한 사람이 예배를 보러 찾아왔습니다. 예배를 마친 후 목사님은 어떻게 이러한 나환자 교회에 오게 되었는지를 물어보았습니다.

그는 나환자촌에서 약 20리, 8km 떨어진 마을에서 농사를 짓고 사는 사람인데 그 곳에는 교회가 없었습니다. 그러던 중 소문에 나환사촌에 독일에서 박사학위를 받고 오신 훌륭한 목사님이 나환자들과 함께 있다는 소문을 듣고 교회에 한번 다니고 싶었던 차에 이렇게 찾아오게 되었다고 했습니다.

그 후 그는 정말 한 주일도 빠지지 않고 자전거를 타고 열심히 교회에 다녔습니다. 그러던 차에 한 번은 평일 저녁에 그가 화가 잔뜩 나서 목사님을 찾아왔다. 그리고 목사님에게 이렇게 하소연 했습니다.

"목사님, 세상에 이런 일이 다 있습니까? 우리 집에 새끼를 밴 돼지, 모돈(母豚) 다섯 마리를 키우고 있는데 이놈들이 그만 돼지우리를 치우는 사이 우리를 빠져나가 이웃집 배추밭에 뛰어 들어 온 배추밭을 망가뜨렸습니다.

그런데 이웃집 사람이 소리를 고래고래 지르며 당신 돼지들이 자기 배추밭을 다 망쳐놓았으니 그 돼지들을 모두 자기에게 내 놓으라는 겁니다.

그래서 하도 어이가 없어 내가 배추 값을 다 물어주겠다고 했는데도 이 사람은 막무가내로 배추밭을 망가뜨린 돼지를 모두 주어야 한다고 우기는 거예요. 그래서 제가 그럴 수는 없다고 했더니 그 사람 하는 말, 그럼 동네 사람들을 불러 어떻게 하는 것이 옳은지 물어보자는 거예요. 그래서 동네 사람들이 이 문제를 해결하기 위해 다 모였어요."

그런데 동네 사람들은 이 사람이 나환자촌에 있는 교회를 나가는 것을 모두 싫어했습니다. 혹시라도 이 사람 때문에 나병균이 전염될지도 모른다고 생각했기 때문에 그 교회에 나가지 말라고 모두들 말렸습니다.

그러던 차에 이런 일이 일어났기 때문에 동네 사람들은 모두 이웃 사람의 편을 들어 배추밭을 망친 돼지들을 옆집 사람에게 주어야 한다고 옆집 사람을 편들었습니다.

그래서 이 사람은 하도 억울해서 이 문제를 상의하러 목사님을 찾아오게 된 것입니다. 이 이야기를 다 듣고 있던 목사님이 이렇게 말했습니다.

"성도님, 성경에 보면 예수님은 네 이웃을 네 몸과 같이 사랑하라고 했는데 이웃 사람이 그렇게 원하면 그 사람의 말대로 돼지 다섯 마리 모두 그냥 그 사람에게 주세요."

이 사람은 목사님의 말이 잘 납득이 안 되었지만 목사님의 말이라 거역하기도 어려워 할 수 없이 그렇게 하겠다고 하고 집으로 돌아와 정말 자기의 모든 다섯 마리를 이웃에게 넘겨주었습니다. 그러고 나서 화가 나서 참을 수가 없었지만 그래도 예전과 같이 열심히 교회를 다니며 신앙생활을 잘 해나갔습니다.

그런 일이 있고나서 몇 달이 지났습니다. 그런데 이번에는 옆집 황소가 이 사람의 채소밭에 들어와 채소밭을 온통 쑥대밭으로 만들어 놓았습니다. 그는 화가 머리끝까지 나서 이웃집으로 달려갔습니다.

그리고는 따졌습니다. "전번에 내 돼지들이 당신 배추밭을 망가뜨려 놓았을 때 당신이 내 모든 다섯 마리를 끌고 갔잖소. 그러니 이번에는 당신의 황소가 내 채소밭을 망가뜨렸으니 당신 황소를 내가 가져가야겠소."

그러자 이웃집 사람은 통 사정을 했습니다. "내가 정말 미안하오. 내가 당신의 채소밭 망쳐놓은 것 다 갚아주겠소." 그러나 그는 이 말을 듣지 않았습니다. "무슨 말이오. 당신도 전에 내가 당신 배추값을 다 물어주겠다고 했을 때 끝내 거절하고 내 돼지를 몽땅 가져갔으니 나도 당신 황소를 가져가야겠소." 하고 물러서지 않았습니다.

이웃 사람은 정말 난처했습니다. 자신이 전에 한 짓이 있기 때문에 무작정 안 된다고만 할 수도 없고 곱다시 황소를 빼앗기게 생겼습니다. 이 사람은 의기양양해서 목사님에게 찾아왔습니다. "목사님, 사정이 여차여차해서 이제 제가 황소 한 마리를 벌게 되었습니다." 하고 기분이 좋아 큰 소리를 쳤습니다.

그 말을 다 듣고 있던 목사님이 이렇게 말했다. "성도님, 성경에 보면 이웃의 잘못을 일흔 번씩 일곱 번까지 용서해 주라고 했는데, 그 황소를 달라고 하지 말고 그냥 용서해 주세요."

"아니 목사님, 저번에 제 모돈 다섯 마리를 빼앗아 간 사람입니다. 그러니 이번에는 당연히 제가 그 사람의 황소를 빼앗아 와야지요. 사리가 그렇지 않습니까?"

"물론 사리가 그렇다 하더라도 성도님은 예수님을 믿는 사람 아닙니까? 그러니 예수님 자녀답게 그 사람을 용서해 주십시오." 그 사람은 목사님의 말이 이해가 되지 않았지만 자신이 존경하는 목사님이라 할 수 없이 목사님이 시키는 대로 하기로 하고 집으로 돌아왔다.

그리고는 옆집 사람을 불러 이렇게 말했다. "여보, 내가 당신 황소 내놓으라는 것 그만 두겠소. 우리 목사님이 용서해 주라고 하니 내가 용서해 주는 거요." 그리고는 화를 참고 집으로 돌아왔습니다.

그런데 그 다음 날 먼동이 트는 이른 새벽에 이웃집 사람이 돼지 떼 4~50마리를 몰고 자기 집으로 왔습니다. 그리고는 이렇게 말했습니다.

"여보게. 내가 정말 미안하이. 어제 저녁 당신이 내 황소를 가져가겠다는 것을 마다하고 용서해 준다고 하니 내가 미안해서 잠을 잘 수가 없었네. 전번 당신 돼지들이 내 배추밭을 망쳐놓았을 때도 사실 내가 배추값만 받고 말았어야 했는데 무리하게 당신 모돈 5마리를 모두 빼앗아 오고 난 후 사실은 마음이 편치 않았네.

그런데 이번에는 전번과 똑같이 내 황소가 당신 채소밭을 다 망가뜨려 놓았는데도 당신이 이렇게 용서해 준다고 하니 내가 어디 미안해서 잠을 잘 수가 있어야지. 그래서 그때 내가 빼앗아 갔던 돼지들을 모두 당신한데 돌려주기로 마음먹었네. 미안하네."

이렇게 해서 그는 어미돼지 다섯 마리와 그동안 낳은 새끼돼지까지 합쳐 4~50마리를 모두 돌려받게 된 것입니다.

이것이 진짜 용서입니다. 이것저것 자꾸 따지면 용서를 못합니다. 상대방의 잘못을 그냥, 조건 없이 용서해 주어야 합니다. 눈 지그시 감고 용서해 주는 것입니다. 상대방을 용서해 줄 때는 자신이 좀 밑진다고 생각되고 자신이 손해라고 느껴지지만 용서의 대가는 반드시 돌아오는 것입니다. 용서해 주는 사람이 이기는 사람입니다. 인간관계에서 승리하는 사람입니다.

〈법구경〉에 보면 "녹은 쇠에서 생긴 것인데 그 쇠를 먹어버린다."는 말이 나옵니다. 이 말의 뜻은 "남을 미워하면 저쪽이 미워지는 게 아니라 내 마음이 미워진다."는 말입니다. 미운 생각을 지니고 살아가면 그 피해자는 바로 나 자신이 된다는 뜻입니다. 내 마음이 불편하고, 내 마음이 답답하고, 내 마음이 점점 피폐해져 깁니다. 반면 그 사람을 용서하고 나면 내 마음이 편안하고, 내 마음이 후련해지고, 내 마음이 자유로워집니다.

가정에서 언제 배우자로부터 존경받는 줄 아십니까? 언제 자녀들이 부모를 진심으로 존경하는 줄 아십니까? 상대방이 잘못한 줄을 뻔히 알면서도 눈감아주고 용서해 줄 때입니다. 물론 그 당시는 상대방도 쑥스러워 아무 소리 안 하지만 속으로는 '아, 저 사람이 내 잘못을 알면서도 아무 소리 안 하는구나.' 하고 진심으로 고마워합니다.

자녀도 마찬가지입니다. 자녀들이 잘못한 것을 하나하나 꼬치꼬치 따져 아이들이 꼼짝 못하고 "잘못했습니다."하고 실토하게 하는 엄마, 아이들이 별로 존경하지 않습니다.

오히려 아이들이 잘못한 줄을 뻔히 알면서도 때로는 좀 속아주고 모른 체 하고 용서해 줄 때, 그래서 아이들이 나중에 '아, 우리 엄마가 그때 내가 거짓말 한 줄 알면서도 그냥 용서해 줬구나.'라고 생각할 때 진심으로 엄마를 존경하게 되는 것입니다.

이것은 참 중요한 문제입니다. 가정에서 단순히 '남편을 사랑한다.' 또는 아이들이 '엄마를 좋아한다.'가 아니라 아내가 남편을 존경하고, 아이들이 엄마를 존경하는, 그래서 존경받는 아내, 존경받는 남편, 존경받는 부모가 될 수 있다면 이보다 더 바람직한 일이 어디 있겠습니까?

그렇게 될 수 있는 가장 좋은 방법 가운데 하나가 바로 상대방의 허물을 덮어주고 용서해주는 것입니다.

Chapter 10
그리스도인의 바람직한 신앙과 신앙생활

왜 한국 기독교인은 기복신앙인가?

혹시 한국인의 국민성에 관해 깊이 생각해 보신 적이 있습니까? 어떤 나라, 어떤 국민이건 국민성의 장단점이 다 있습니다. 우리 국민에게도 많은 장점이 있는 반면 단점도 많이 있습니다. 그 가운데 제 생각으로 가장 큰 장점은 근면성이 아닌가 합니다. 우리나라 사람들은 참 부지런합니다. 특히 남미나, 인도, 중동지역 사람들과 비교해 볼 때 정말 부지런합니다. 오늘날 우리가 이렇게 잘 살게 된 이유 가운데 하나도 우리 국민들의 근면성 때문인 것 같습니다.

그렇다면 우리 국민성 가운데 고쳐야 할 가장 큰 단점은 무엇일까요? 물론 보는 시각에 따라 다르겠지만 제가 보기에는 한국인들은 너무 이기적이고 배타적이 아닌가 생각합니다.

이기주의(egoism)와 개인주의(individualism)는 다릅니다. 흔히 우리는 서구 사람들을 개인주의자들이라고 합니다. 맞습니다. 그들은 개인주의자들입니다. 개인주의는 이기주의와는 달리 자신의 권리와 이익을 철저하게 주장하지만 그와 동시에 상대방의 권리와 이익도 똑같이 존중해 줍니다. 이에 반해 이기주의자는 상대방의 권리와 이익에 대해서는 관심이 없고 오직 자신의 권리와 이익만을 주장합니다.

 한국 사람들은 나, 내 자식, 내 가족만 잘 되면 그만입니다. 조금 범위를 넓히면 우리 직장, 우리 동네, 우리 학교, 우리 교회만 잘 되면 그만입니다. 어쨌든 나와 관계되는 것만 잘 되면 그만이라고 생각합니다.
 1986년에 대한민국에 귀화하여 2009년에는 한국관광공사 사장으로 임명된 이한우 씨가 오래 전에 TV에 나와 한국인의 특성을 묻는 사회자에게 이렇게 말하는 것을 들은 적이 있습니다.
 "한국 사람들은 남이 잘 되는 것을 보지 못한다. 사촌이 땅을 사면 배가 아프다고 한다. 한국인은 마치 독 속의 게와 같다. 독 속에 게 한 마리를 넣어 놓으면 이 게는 자신의 예리한 집게발로 밖으로 기어 나올 수 있다. 그러나 4~5 마리를 함께 넣어놓으면 한 마리도 밖으로 나오지 못한다. 그 이유는 한 마리가 엉금엉금 기어 올라오면 다른 놈이 기어 올라가는 놈의 발을 물고, 또 다른 놈은 그 놈의 발을 물고… 그래서 툭 떨어지고, 툭 떨어지고, 결국 한 마리도 독 밖으로 나오지 못한다."
 남이 잘 되는 꼴을 보지 못하는 한국인들의 이기적이고 배타적인 심성을 이와 같이 설명한 것입니다. 외국인의 눈에 우리가 이와 같이 보였다는 것은 참 부끄러운 일입니다.

 1997년 당시 남서울은혜교회 홍정길 목사님이 수지에 장애인 학교인 밀알학교를 세울 때, 그 지역 사람들이 너무 극렬하게 반대해 참 애를 많이 먹었다고 합니다. 합법적인 절차를 모두 거쳐 공사를 시작했는데도, 공사를 못하게 행정소송을 걸고, 공사차량을 바리게이트로 막고, 인부들과 몸싸움을 하고… 주민들이 3년 이상 그렇게 머리띠를 두르고 반대했습니다.

그 지역 주민들이 장애인을 위한 학교를 어느 곳엔가 세워야 하는데 반대하는 사람은 아무도 없습니다. 다들 대학 나오고 그 정도의 식견은 가지고 있는 사람들입니다. 그런데 자기 동네만은 안 된다는 것입니다. 이유인즉 자기 동네 아파트 값이 떨어진다는 겁니다.

그런데 홍 목사님은 그 많은 어려움을 극복하고 결국은 밀알학교를 세웠습니다. 그리고 지금은 그 학교가 모범적으로 잘 운영된다고 정부에서 적극 지원해 학교 옆에 공원도 만들고, 도로도 넓혀서 그 지역이 예전보다 주변 환경이 훨씬 좋아지고 집값도 올랐다고 합니다.

우리에게는 열린 마음으로 이웃과 더불어 함께 살아가는 동반자 관계, 곧 파트너십(partnership)에 대한 이해가 부족합니다. 공동체의식이 너무 약합니다. 이웃의 고통과 어려움을 함께 이해해주고 그 고통과 어려움을 같이 나누는 것이 아니라 나만 괜찮으면 남이야 어떻게 되건 상관이 없다는 것입니다.

그런데 이러한 우리의 잘못된 국민성이 기독교인의 신앙 형태에도 영향을 미치고 있지 않나 하는 생각이 듭니다. 예를 들어 기독교의 가장 소중한 덕목인 사랑에 대해 생각해 봅시다. 하나님의 사랑이란 인간의 이해관계와는 아무런 상관이 없는 순수한 사랑을 말합니다. 그러므로 나와 전혀 상관없는 이웃들의 어려움을 이해해 주고 그들의 고통을 함께 나누려 하는 마음이 곧 성경이 말하는 하나님의 사랑입니다. 그런 사랑이 바로 강도 만난 자에게 베푼 선한 사마리아인의 사랑입니다.

그런데 한국 기독교인에게는 이런 사랑을 찾아보기 어렵습니다. 한국 기독교의 약점이나 잘못된 점을 말할 때 가장 먼저 지적되는 것이 무엇입니까? 바로 기복신앙입니다. 하나님을 믿는 목적이 복을 받는데 있다고 생각합니다. 한국 기독교인들의 기도 내용의 80% 이상이 자기 가족, 자기 교회 잘 되게 해 달라는 기도라고 합니다.

이제 우리의 신앙의 형태와 지경이 좀 넓혀졌으면 좋겠습니다. 우리의 기도의 폭도 좀 넓어졌으면 좋겠습니다. 우리의 기도 방향도 좀 바뀌었으면 좋겠습니다. 나와 내 가족의 건강과 행복만을 구할 것이 아니라 소외되고 상처받은 내 이웃의 건강과 행복을 위해서도 기도해야 할 것입니다. 그리고 우리 교회, 우리 목사님만을 위해 기도할 것이 아니라 이 땅 위에 세워진 모든 교회들이 부흥하고 수많은 목사님들이 신실한 목회자가 될 수 있도록 기도해야 할 것입니다. 우리의 신앙이 기복적인 신앙을 넘어서고, 우리의 삶이 선한 사마리아인을 닮아가는 삶이 될 수 있도록 기도해야 할 것입니다.

가정에서의 신앙교육 잘 되고 있나요?

그리스도를 믿는 가정에서의 신앙교육에 대해 깊이 생각해 보는 시간을 가졌으면 좋겠습니다. 물론 가정에서의 신앙교육 하면 가정예배를 드리면서 하나님 말씀을 읽고 가르치는 것이 가장 중요하겠지만 여기서는 다음 두 가지 사실을 강조해서 말씀드리겠습니다. 첫째는 신앙 내용이고 둘째는 신앙 습관입니다.

먼저 신앙의 내용에 있어서 우리는 기회 있을 때마다 자녀들에게 선명한 복음을 가르쳐야 합니다.

하나님이 이 세상과 인간을 창조하시고 지금도 살아계셔서 이 세상과 인간을 다스리고 계신다는 것을 분명히 가르쳐야 합니다.

모든 인간은 죄인인데 인간이 왜 죄인인가를 자녀들의 눈높이에서 자녀들이 이해할 수 있도록 분명히 가르쳐야 합니다.

예수님이 우리의 구원자이다. 하나님의 아들 예수님이 우리를 구원하기 위해 이 땅에 오시고, 십자가에 죽으시고, 3일 만에 부활하셨다.

이러한 복음의 핵심내용을 기회가 닿을 때마다 분명히 가르쳐야 합니다. 단테의 《신곡》을 보면 단테가 안내자의 인도를 받아 지옥을 구경하는 장면이 나옵니다. 단테가 지옥으로 들어가는 문에 섰습니다. 그 문 위에는 이런 글이 쓰여 있었습니다. "이 문으로 들어가려는 모든 사람은 소망을 버려라."

단테가 안내자의 도움을 받아 문을 열고 지옥의 첫째 방으로 들어갔습니다. 그 방에는 탄식과 원망과 불평으로 슬피 울며 신음하는 많은 사람들이 있었습니다. 단테는 안내자에게 "이 사람들은 어떤 사람들입니까?"라고 물었습니다.

안내자가 대답하기를 "이 사람들은 세상에 살 때 중립주의자들이었습니다. 저들은 하나님을 배반한 적도 없고, 그렇다고 하나님을 믿은 적도 없습니다. 저들은 별로 나쁜 일을 하지도 않았고 그렇다고 무슨 좋은 일을 한 것도 아닙니다. 그저 세상에 살 때 자기들만 위해 살았던 사람들이지요. 천국은 이런 자들을 용납할 수가 없어서 지옥으로 내려 보냈는데 지옥에서도 이런 중립주의자들은 멸시를 받아 이렇게 첫째 방에 가두어두었습니다."

이것도 아니고 저것도 아닌 중립주의자들에 대한 경고입니다. 우리의 자녀들이 예수를 믿는 것도 아니고 안 믿는 것도 아니고, 교회 다니는 것도 아니고 안 다니는 것도 아니고, 이런 중립주의자들이 되어서는 안 되겠기에 기회 있을 때마다 선명한 복음을 가르쳐야 합니다.

두 번째는 자녀들의 신앙 습관입니다. 혹시 교육이 무엇인지에 대해 깊이 생각해 본 적이 있습니까? 교육의 본질이 무엇이라고 생각하십니까? 일반적으로 교육이란 학교에서 교사와 학생들이 지식을 가르치고 배우는 것을 말합니다. 그러나 지식을 가르치고 배우는 것보다 '사람을 가르치고 사람을 배우는 것'이 더 중요합니다. 이것이 교육의 본질입니다.

교육의 주체도 교육의 대상도 지식이 아닌 사람입니다. 그런데 사람을 가르치고 사람을 배우는 데 있어서 가장 중요한 것이 무엇인지 아십니까? 그게 바로 '습관'입니다. 좋은 습관, 올바른 습관을 가르치는 것이 교육의 핵심 내용이 되어야 합니다. 이것은 가정교육에 있어서도, 학교교육에 있어서도, 신앙교육에 있어서도 마찬가지입니다.

교육학자들은 가정에서 어린아이들에게 좋은 습관, 올바른 습관을 잘 가르쳤다면 가정교육의 90%는 성공했다고 말합니다. 신앙교육에 있어서도 습관이 그렇게 중요합니다. 특히 어린아이들이나 청소년들에게 있어서는 신앙이란 곧 신앙 습관이라고 말하고 싶습니다.

　　주일날 교회에 나가 예배드리는 습관
　　잠자리에 들기 전에, 또는 식사할 때 기도하는 습관
　　매일 또는 최소한 일주일에 한번이라도 성경 읽는 습관
　　거짓말 하지 않는 습관
　　부모님 공경하는 습관

그리스도인의 자녀 가운데 주중에 한번이라도 집에서 성경을 읽는 아이들이 몇 퍼센트나 된다고 생각하십니까?

우리 자녀들이 성경읽기 목표를 정하고 매일 또는 주말에 성경을 조금씩이라도 읽었으면 좋겠습니다. 너무 욕심 부리지 말고 금년 한 해 동안 '신약 4복음서와 구약 시편' 읽기. 또는 '신약 로마서와 구약 창세기' 읽기, 이런 목표를 정하는 겁니다. 아이들이 몇 번 하다가 포기하지 않도록 아이들 수준에서 적절한 목표를 정하는 겁니다.

별거 아닌 것 같지만 굉장히 중요한 일입니다. 우리 자녀들이 무슨 대단한 신앙 체험을 한다거나, 성숙한 믿음의 경지에 도달하기를 바라는 것은 무리입니다. 물론 그랬으면 좋겠지만 그런 욕심보다는 아이들이 자라면서 좋은 신앙습관, 올바른 신앙습관을 갖게 하는데 관심을 가지고 이런 측면에서 자녀들을 잘 관찰하고 지도했으면 합니다.

교육의 효과는 반복에 있습니다. 유대인 자녀교육의 특징이 바로 여기에 있지 않습니까? 그들은 어린 자녀들에게 쉐마(Shema)를 매일 아침저녁으로 암송하도록 가르칩니다.

우리는 가정에서 자녀들에게 마땅히 가르쳐야 할 것을 반복적으로 가르쳐야 합니다. 때로는 이러한 반복적인 교육이 공허한 것처럼 보일 수도 있지만 그 가르침이 아이들의 잠재의식 속에라도 남아 있어 먼 후일에는 분명히 그들에게 선한 영향력을 미칠 것입니다.

한국 교회 미래는 있는가?

무릇 생명이 있는 모든 생명체는 자라고 성장합니다. 자라지 못하는 생명체는 병들었거나 죽었거나 뭔가 잘못된 것입니다. 교회도 마찬가지입니다. 생명력 있는 교회는 자라고 성장해야 합니다. 물론 이때의 성장이란 외적인 성장뿐만 아니라 내적인 성숙도 동시에 의미합니다.

특히 교회가 자라고 성장하기 위해서는 아동부, 중고등부, 청년부 등 주일학교가 잘 조직되고 활성화되어야 합니다. 어떤 교회이건 그 교회의 주일학교의 현황을 보면 그 교회의 미래를 알 수 있습니다.

그런데 유감스럽게도 현재 한국 교회들 가운데 주일학교가 활성화된 교회가 많지 않습니다. 우리나라 전체 교회들의 절반 가량이 아예 주일학교가 조직되어 있지도 않다는 것을 심각하게 생각해야 합니다.

현재 기존하는 교인들이 나이가 많아 은퇴하고 물러나면 젊은 집사님들이 그 자리를 채워야 하고, 또 그 젊은 집사님들의 자리는 청년들이 채워줘야 하고 중고등부 학생들이 청년부로 올라가야 하고… 이렇게 되어야 하는데, 그게 안 되니 한 세대 이후가 큰 걱정입니다.

제가 처음 미국 갔을 때 버지니아주 알링턴 카운티에 이사를 한 후, 첫 번째 주일예배를 드리기 위해 아파트 근처에 있는 '알링턴 감리교회'에 갔습니다. 물론 미국 사람들이 다니는 교회입니다. 그런데 본당을 들어서는 순간 저는 시간을 잘못 알고 왔나, 하고 제 시계를 보았습니다. 11시가 맞았습니다. 그래서 혹시 내가 본당을 잘못 찾아왔나, 하고 확인해 보니 본당도 맞았습니다.

붉은 벽돌로 너무나 아름답게 지은 교회였습니다. 본당의 크기가 약 500여 명을 수용할 수 있는 교회였는데 제가 놀란 것은 11시 예배를 위해 앉아 있는 교인 수가 4~50명의 백발이 성성한 노인들뿐이었습니다.

그때 받았던 충격이 너무나 크고 생생해 이후로 미국 교회를 생각할 때, 그리고 한국 교회 가운데 성장을 멈추고 침체된 교회들을 볼 때 그 당시 제가 목격한 '알링턴 감리교회'를 생각하곤 합니다. 한국 교회들 가운데 교회학교가 문을 닫고 있는 교회라면, 우리나라 교회라고해서 2~30년 후 이와 같이 되지 않으리란 보장이 어디 있겠습니까?

이런 측면에서 볼 때 모든 교회는 적은 수가 모일지라도, 비록 그 수가 서너 명일지라도 주일학교를 열어야만 합니다. 그리고 목사님, 장로님과 같은 교회의 지도자들이 주일학교에 특별한 관심을 가져야 하고, 재정도 지원을 많이 해야 합니다.

'청소년은 현존하는 미래'라고 말합니다. 우리는 사람을 판단하거나 평가할 때 현재 그 사람의 모습을 보고 '이 사람은 이런 사람이다.' 또는 '저 사람은 저런 사람이다.'라고 말하는 경우가 많습니다. 그러나 최소한 어린아이들이나 청소년을 바라볼 때는 이런 식으로 판단하거나 평가해서는 안 됩니다. 어린아이들이나 청소년은 현재 존재하고 있으나 그 존재가치는 미래에 있습니다. 즉 어린아이나 청소년은 미래적인 존재라는 뜻입니다.

실존철학에서는 인간을 '가능적 존재'라고도 말합니다. 인간은 어떤 고정된 모습으로 있거나 완결되어 있는 존재가 아니라 끊임없이 성장하고 변화하고 발전하는 존재라는 뜻으로 이렇게 말합니다.

교회에서 청소년들을 바라볼 때도 이런 시각으로 보아야 합니다. 우리 아이들의 현재의 모습만을 바라보지 말고 믿음으로 성장한 그들의 미래의 모습을 볼 수 있어야 합니다. 그리고 그들이 미래 우리 한국 교회를 세워나가고 하나님 앞에서 귀하게 쓰임을 받을 수 있도록 열과 성을 다해 그들을 양육해야 할 것입니다.

모든 교회에 주일학교가 있어야 한다는 것을 제가 경험한 한 가지 사실을 통해 확인하고 싶습니다. 제가 저희 교회에서 새가족 부장을 오래 했는데 당시 1년에 등록하는 새가족이 약 100명이 좀 넘었습니다. 그런데 통계를 내어보니 그 가운데 다른 교회 다니다가 이사를 와서 등록한 사람, 곧 수평이동을 한 사람을 제외하고 교회 처음 나온 사람들의 90% 이상이 초등학교 때나 중고등학교 때 교회를 한두 번이라도 다닌

적이 있었던 사람들이었습니다.

　달리 말하면 지금까지 한 번도 교회에 다녀보지 않은 사람은 100명이 넘는 새가족 중에 10%도 안 된다는 말입니다. 그러니 어렸을 때 단 한 번이라도 교회 나갔다는 사실 그 자체가 아주 소중한 것입니다. '듣든지 아니 듣든지' 그들에게 복음이 전해졌다는 사실 자체만으로도 아주 소중한 것입니다. 고린도전서(3:6)에 보면 "나는 심었고 아볼로는 물을 주었으되 오직 하나님은 자라게 하셨나니"라는 말씀이 나옵니다. 이 말씀을 믿고 어떻게 하든지 어린 아이들이 교회에서 자랄 수 있도록 신앙의 모판을 만들어 주어야 합니다.

　교회 규모가 작다. 교사로 세울 사람도 없고 예산도 없다. 이런 저런 핑계로 주일학교가 없는 교회, 또는 주일학교는 있지만 너무 열악한 채로 방치되고 있는 교회가 주위에 너무 많습니다.

　지금 우리는 단 몇 명의 어린 영혼들일지라도 부지런히 심고 물을 주어야 합니다. 그 아이들, 분명히 하나님께서 자라게 하실 것입니다. 그리고 언젠가는 하나님의 때가 될 때에, 하나님 안에서 열매 맺게 하실 것입니다. 한국 교회의 미래가 주일학교에 달려있음을 다시 한 번 강조하고 싶습니다.

그리스도인이 누리는 자유

　인간이 가지는 가장 소중한 특성 가운데 하나가 '자유'입니다. 자유는 인간의 본질적인 존재양식이기도 하고 인간이 추구할 최고의 가치이기도 합니다.

　프랑스의 실존주의 철학자 사르트르(J. P. Sartre)는 인간에게 주어진 자유를 '절대적 자유'라고 했습니다. 인간은 모든 것을 자유롭게 선택할 수 있으나 자신이 자유임을 자유롭게 선택할 수는 없다는 것이지요. 즉 인간에게는 자유일 수도 있고 자유 아닐 수도 있는 자유는 없다는 것입니다. 그래서 그는 "인간은 자유라는 운명을 짊어지고 있다."라고 했습니다.

　그러나 인간이 본질적으로 자유인 것은 하나님이 인간을 자유로운 존재로 창조하셨기 때문입니다. 그래서 에덴동산에서 아담은 이 자유를 잘못 사용하여 선악과를 따먹게 되고 그 결과 고통과 수고와 죽음이라는 형벌을 받게 된 것입니다.

어느 병원에서 환자를 돌보는 간호사가 있었습니다. 그런데 환자 가운데 한 남자가 유달리 그 간호사에게 불평불만이 많았습니다. 매사에 시비를 걸고 그 간호사를 피곤하게 하였습니다. 처음에는 미안하다고 사과도 하고, 다독거려보기도 하고, 참기도 하였으나 그 남자 환자는 막무가내였습니다. 물론 그는 주위의 모든 간호사들을 그렇게 괴롭혔습니다. 그래서 간호사들은 그 환자가 '빨리 죽었으면 좋겠다.'고까지 생각했습니다.

그러던 어느 날 그 간호사는 병원에서 주최한 한 세미나에 참석하게 되었는데 세미나의 주제가 '주도성(主導性)'에 대한 내용이었습니다. 강사가 이렇게 말했습니다.

"어떤 사람도 내 동의 없이는 나에게 상처를 주거나 고통을 줄 수 없습니다."

"지금 내가 다른 사람 때문에 고통을 당하고 있다면 그 고통은 내가 선택한 것입니다."

처음에 간호사는 이 강사의 말을 이해할 수 없었습니다. 분명히 그 환자가 자기에게 고통을 주고 있는데, 분명히 그 환자가 나에게 스트레스를 주고 나를 힘들게 하고 있는데 내가 선택한 것이라니…

그러나 그 강의를 다 듣고 난 후 간호사에게 이런 생각이 들었습니다. '그 환자가 나에게 스트레스를 주고 나를 힘들게 할 때, 내가 스트레스를 받지 않고 달리 반응을 할 수는 없을까?' '내가 스트레스를 받거나 받지 않을 수 있는 선택권이 나에게 있는 것일까?' '그래서 마음만 먹는다면 지금까지와는 달리 내가 스트레스를 받지 않고 다르게 반응할 수 있을까?'

이런 저런 생각을 하다 보니 한 가지 깨닫는 바가 있었습니다. 그것은 바로 지금까지 자신을 괴롭혀온 그 환자로부터 당한 고통스러운 감정은 바로 내가 선택한 것임을 깨달은 것입니다. 그리고 '그 환자로부터 이제는 더 이상 스트레스를 받지 않겠다.'는 것도 내가 선택할 수 있다는 것도 동시에 깨달았습니다.

이 사실을 깨달은 순간 그는 마치 감옥에서 해방된 기분이었습니다. 그리고 속으로 이렇게 외쳤습니다.

"나는 자유다. 나는 자유다."

"나는 더 이상 다른 사람이 나에게 고통을 주도록 허락하지 않을 것이다."

"나는 이제부터 내 기분, 내 인격을 다른 사람이 좌우하도록 허락하지 않을 것이다."

"그 누구도 나를 불행하게 할 수는 없다. 그 누구도 나를 비참하게 할 수 없다. 그것은 내가 선택한 것이다. 그것은 내가 결정한 것이다. 내 책임이다."

그렇습니다. 이 간호사와 같이 우리는 날마다 수많은 사건들로부터, 수많은 사람들로부터, 수많은 일들로부터 스트레스를 받습니다. 그리고 때로는 환경을 원망하기도 하고, 때로는 다른 사람들을 원망하기도 하고, 때로는 자신을 원망하기도 합니다. 그러나 사실 이 스트레스라는 것은 나에게 일어나는 모든 일들에 대해 내가 반응하는 나의 감정일 뿐입니다. 나의 부정적인 감정일 뿐입니다. 우리는 이러한 자신의 감정을, 특히 부정적인 감정을 다스릴 수 있고 또 다스려야만 합니다.

그러나 내 마음을 다스린다는 것은 쉬운 일이 아닙니다. 내 마음이니 내가 마음대로 할 수 있을 것 같지만 사실은 이것만큼 어려운 것도 없습니다. 내가 화를 참고 싶으면 참고, 내가 스트레스를 받지 않으려면 받지 않고, 내가 과거의 상처를 훌훌 털어버리고 싶으면 털어버리고… 그렇게 될 것 같지만 그게 쉬운 일이 아닙니다.

나에게는 자유의지가 있으니 모든 것을 내가 마음먹은 대로 할 수 있을 것 같지만 그게 쉽지 않다는 말입니다. 그래서 탈무드에는 이 세상에서 가장 강한 자는 알렉산더나 카이사르와 같이 제국을 다스리는 자가 아니라 '자기 마음을 다스리는 자'라고 했습니다.

그렇습니다. 사람의 마음은 다스려야 합니다. 우리는 스스로 자신의 마음을 가꾸고 다스려야 합니다. 그렇지 않으면 잡초가 무성한 정원처럼 우리의 마음은 황폐해집니다. 갈라디아서는 "그리스도께서 우리를 자유롭게 하려고 자유를 주셨으니"(5:1)라고 말씀하고 있습니다.

우리가 복잡한 이 세상을 살아가면서 어떻게 우리의 마음이 참된 자유를 누릴 수 있을까요? 어떻게 우리의 마음과 감정과 욕망을 스스로 다스릴 수 있을까요? 그래서 외부의 환경으로부터 스트레스나 고통을 받지 않고 참된 자유함을 누릴 수 있을까요? 그것은 오직 우리 마음 안에 주인으로 계시는 성령의 능력을 통해서만 가능합니다. 내가 내 마음의 주인이 아니라 성령께서 내 마음의 주인으로 계실 때만이 우리는 참된 자유인이 될 수 있습니다.

그리스도인에게 성공이란 무엇인가?

요즘 서점에 가보면 가장 잘 팔리는 책 가운데 하나가 자기계발서 또는 성공학에 관한 책입니다. 우리 사회의 생존경쟁이 그만큼 치열하고, 그에 따라 자신의 능력을 계발하여 극대화시키고 이를 통해 성공에 이르고자 하는 열망이 그만큼 높다는 것을 보여주는 현상이라 하겠습니다. 이런 상황 가운데서 그리스도인은 성공에 대해 어떤 생각과 태도를 가져야 할까요?

인간에게는 다음과 같은 두 가지의 기본적인 욕구가 있습니다. 첫째는 생리적 욕구이고 둘째는 사회적 욕구입니다. 생리적 욕구란 식욕, 수면욕, 성욕, 종족보존욕 등과 같은 욕구를 말하며 사회적 욕구란 명예욕, 성취욕, 권력욕, 소유욕 등과 같은 욕구를 말합니다.

이렇게 볼 때 성공하기를 원하는 것은 인간의 기본적인 욕구입니다. 남자도 여자도, 돈이 있는 사람도 없는 사람도, 젊은 사람도 나이든 사람도 모두 성공하기를 원합니다. 특히 현대인들은 성취지향적인 인생관을 가졌다고 하리만큼 성공에 대한 강한 집념을 가지고 있습니다.

특히 오늘날 한국인들은 생존경쟁이 치열한 자본주의에 이미 길들여져 있어 성공한 자만이 살아남을 수 있다는 강박관념에 빠져 있습니다. 뿐만 아니라 여성이 사회에 진출하는 것이 당연시 되고, 평균 수명이 현저히 늘어남에 따라 남녀노소 구별 없이 너도 나도 성공에 대한 관심이 그 어느 때보다 강하다고 볼 수 있습니다.

그러나 성공은 모든 사람이 바라지만 모든 사람에게 주어지는 것은 아닙니다. 성공은 성공에 대한 꿈과 비전을 가진 자, 성공에 이르는 올바른 방법과 그에 따라 성실하게 노력한 자만이 얻을 수 있는 인생의 열매입니다.

일반적으로 성공하지 못한 사람들의 유형을 보면 다음과 같습니다.

첫째는, 자신의 능력을 충분히 계발하지 못하거나 최선의 노력을 다하지 않은 경우이고,

둘째는, 성공에 이르는 노하우(know how)를 잘 알지 못하여 잘못된 방법으로 성공에 이르려고 한 경우이며,

셋째는, 과도한 욕심으로 인해 무리한 성공을 추구하다가 이에 다다르지 못한 경우라고 볼 수 있습니다.

이렇게 볼 때 그리스도인은 성공에 대한 올바른 태도를 가져야 합니다. 그것은 바로 땀 흘려 성실하게 노력한 후 그 대가로 성공을 얻어야 한다는 것과, 동시에 성공은 고통과 실패와 좌절이라는 힘든 과정을 딛고 난 후 비로소 주어진다는 사실을 깨닫는 일입니다.

노력한 사람들이 모두 성공한 것은 아닙니다. 그러나 성공한 자들은 모두 노력한 사람들입니다. 많은 사람들은 머리가 좋은 사람이 성공한다고 하지만 이보다 중요한 것은 성실한 노력입니다. 노력이 곧 재능입니다.

석공이 해머로 돌덩어리를 백 번을 힘껏 내리쳤는데도 금하나 가지 않다가, 백 한 번째 내리치자 돌덩이가 둘로 쩍 갈라졌습니다. 그것은 백 한 번째 내리친 힘 때문이 아니라 그때까지 내리친 백 번이라는 누적된 횟수의 힘 때문입니다. 성공도 이와 같은 것입니다. 백 번의 피나는 노력이 백 한 번째 성공으로 나타나는 것입니다.

그러나 성공은 성실하게 노력했다고 당연히 주어지는 것은 아닙니다. 성공의 문턱에 다다르기 위해서는 수없이 많은 실패와 고난과 좌절의 문턱을 넘어야 합니다. 인류의 긴 역사 속에서 위대한 업적을 성취한 인물들은 한결같이 자신에게 불어 닥친 모진 고난과 실패와 좌절을 극복한 자들이었습니다.

에디슨은 8살 때 청각을 잃은 장애자가 되었고, 실낙원의 저자 밀턴은 눈 먼 시인이었고, 철학자 칸트는 곱사등을 가진 자였으며, 셰익스피어는 절뚝발이였습니다. 헨델은 메시아를 감옥 속에서 작곡했고, 베토벤의 위대한 교향곡들은 대부분 귀머거리가 된 후 완성된 곡들입니다. 이들은 모두 우리가 상상할 수 없는 엄청난 인생의 시련을 눈물과 인내로 슬기롭게 이겨낸 자들이었습니다.

이러한 사실은 성경 속에서도 얼마든지 찾아볼 수 있습니다. 아브라

함과 야곱과 요셉이 그랬고, 모세와 욥과 다윗도 그랬습니다. 한나와 룻과 에스더도 그랬고, 다니엘과 그 세 친구들도 그랬습니다. 이들에게는 하나님이 허락하신 엄청난 시련이 주어졌으나 모두 이러한 시련을 성공적으로 이겨냄으로써 하나님의 큰 축복과 은혜를 받은 자들이었습니다.

우리 인간은 본능적으로 고통과 시련을 싫어합니다. 대신 무사, 안일, 편안함을 원합니다. 그러나 현실은 그렇지 않습니다. 오히려 이와는 반대입니다. 누구에게나 고통과 시련이 있게 마련이고 끊임없이 해결해야 할 문제들이 일어나게 마련입니다.

장애물 경기에서 앞에 놓인 장애물은 걸려 넘어지라고 있는 것이 아니라 뛰어 넘으라고 있는 것입니다. 그것을 뛰어 넘고 우승의 영광을 차지하라고 있는 것입니다. 하나님 앞에서 부끄러움 없이 성실한 자세로 최선을 다하고, 믿음으로 고난과 시련을 끝까지 잘 이겨나간 하나님의 자녀들에게는 하나님께서 분명히 성공이라는 인생의 아름다운 열매를 맺게 하실 것입니다.

그리스도인의 자존감은 어디서 찾나요? 1

《나에겐 분명 문제가 있다》라는 책이 있습니다. 이 책은 미국의 심리학자 데이비드 리버만(D. Riverman)이 썼는데 책의 목차가 77가지로 상세하게 세분되어 있어서 이 책의 목차만 보아도 자신의 문제점이 무엇인지를 한 눈에 알 수 있도록 되어있습니다. 예를 들어 목차 내용이 이렇습니다. 혹시 이 가운데 해당되는 문제를 가지고 있는지 체크해 보기 바랍니다.

첫째, 항상 그럴듯한 핑계로 자기 행동을 합리화 한다.
둘째, 사소한 일에도 쉽게 흥분하고 화를 낸다.
셋째, 이유 없이 미운 사람이 있다.
넷째, 나 자신을 다른 사람과 끊임없이 비교한다.
다섯째, 다른 사람의 거절에 쉽게 상처를 받는다. 등입니다.

그런데 저자는 이런 77가지 문제들의 공통적이고 근본적인 원인을 '자존감이 부족'이라고 지적합니다. 자존감의 부족이 우리 삶의 구석구석에서 다양한 문제들을 일으킨다는 것입니다.

 자존감이 무엇입니까? 자존감은 말 그대로 자신을 존중하는 마음입니다. 달리 말하면 스스로 자신이 중요하고 소중한 존재라고 생각하는 마음을 말합니다. 그래서 자존감이 올바로 형성된 사람은 스스로 자신을 가치 있는 존재라고 생각할 뿐만 아니라 다른 사람 역시 가치 있는 존재라고 생각합니다. 그래서 타인에게 항상 마음이 열려있고 다른 사람들과도 좋은 인간관계를 갖습니다.
 자존감이 높은 사람은 언제나 긍정적인 마인드(mind)를 갖습니다. 다른 사람들 앞에서도 위축되지 않고 매사에 밝고 긍정적입니다. 모든 일을 가능하면 좋게 생각하고 좋게 바라봅니다. 그래서 다른 사람이 자신에 대해서 어떤 평가나 판단을 해도 크게 흔들리지 않습니다. 스스로 자신을 신뢰하기 때문에 다른 사람이 자신을 비판해도 받아들일 것은 받아들이고 아니면 '저 사람이 나를 오해한 모양이다.'라고 생각하고 그렇게 기분 나빠하지 않습니다.
 뿐만 아니라 이런 사람은 자기가 생각하는 일이 뜻대로 잘 안 돼도 쉽게 낙심하거나 좌절하지 않습니다. 사람은 누구나 실수도 하고 실패도 할 수 있다고 생각하고 다시 마음을 고쳐먹고 새 출발을 시도합니다.
 반면 자존감이 낮은 사람은 대체로 매사를 부정적으로 생각합니다. 자신의 의견이 받아들여지지 않으면 자신이 무시당한 것으로 단정합니다. 어떤 일에 잘못을 지적당하면 자기 인격이 모욕당한 것으로 생각합니다. 자기가 하고자 하는 일이 잘 안 되면 곧잘 낙심하거나 실망합니다.

이런 사람은 매사에 불평불만이 많습니다. TV를 볼 때도 연예인이건 정치인이건 자기 맘에 안 들면 그 사람에게 화를 내고 욕을 하기도 합니다. 이런 사람의 눈에는 세상은 마음에 들지 않는 사람들로 가득 차 있는 것 같습니다. 누구 하나 곱게 봐주는 사람이 없습니다. 그래서 이런 사람은 다른 사람들과 좋은 인간관계를 갖기 어렵습니다.

자존감이 높은 사람과 낮은 사람 사이에 이렇게 큰 차이가 있습니다. 그래서 우리가 사회생활을 해 나가는데 있어서 자존감이 중요합니다.

그럼 이와 같이 중요한 자존감은 언제 어떻게 형성되는 것일까요? 이 분야의 전문가들에 의하면 인간의 자존감은 주위 사람들로부터 받는 사랑을 통해, 특히 아주 어릴 때 부모나 가족들로부터 받은 절대적인 사랑을 통해서 형성된다고 합니다.

여기서 말하는 절대적인 사랑이란 조건적인 사랑의 반대입니다. 사랑받을 만한 일을 전혀 하지 않았음에도 불구하고 일방적으로 받는 사랑을 말합니다. 한 두 살짜리 아기를 생각해 보세요. 무슨 사랑받을 짓을 하겠습니까?

가끔은 웃고 재롱을 떨지만 대부분은 울고, 먹고, 자고, 싸고 하는 일입니다. 그래도 주위 사람들은 아기를 보고 좋아합니다. 아직 형태를 갖추지도 않은 얼굴을 보면서 잘 생겼다고 합니다. 아이의 작은 행동 하나하나를 보면서 감탄을 하고, 박수를 쳐주고, 칭찬을 하고, 환한 웃음을 지으며 안아주고 합니다.

이런 절대적인 사랑을 통해서 이 아이의 무의식 속에 이런 느낌을 받습니다. '나는 소중한 존재구나.' '사람들이 나를 좋아 하는구나.' '나는 혼자가 아니구나.' '나는 안전하구나.' 이런 느낌을 통해서 자존감이 형성되는 것입니다. 이렇게 해서 형성된 자존감이 평생을 간다고 합니다. 그리고 인생 전체에 순간순간, 구석구석 영향을 미친다고 합니다.

　이런 측면에서 볼 때 그리스도인의 자존감은 어떠해야 한다고 생각하나요? 우리는 태어나 어릴 때는 물론, 지금까지 살아오면서 줄곧 하나님의 절대적인 사랑, 무조건적인 사랑을 받으면서 살아온 자들입니다. '하나님이 나를 언제나 사랑하시고' '하나님 앞에서 나는 소중한 존재이고' '하나님이 함께 하시니 나는 혼자가 아니고' '하나님이 능하신 오른팔로 나를 붙드시니 나는 안전하고'…
　그렇다면 우리 그리스도인은 높은 자존감을 가지고 살아가야 하지 않을까요? 그리고 이런 높은 자존감으로 이 세상을 늘 승리하며 살아가야 하지 않을까요? 지금도 나는 분에 넘치는 하나님의 은혜와 사랑으로 살아간다고 고백하는 사람이, 그래서 누구 앞에서도 움츠러들지 않고 높은 자존감을 가지고 당당하게 살아가는 사람이 진정한 의미에서 그리스도인이라 할 수 있습니다.

그리스도인의 자존감은 어디서 찾나요? 2

사람들은 평소 열등감에 빠져 살기도 하고 자존감을 누리며 살기도 합니다. 그런데 사람들은 자존감과 열등감이 외적 조건에 따라 결정된다고 오해하는 사람이 있습니다.

그러나 그렇지 않습니다. 예쁘고, 돈 많고, 출세한 사람들이 열등감에 빠져 사는 사람들이 있는가 하면 반대로 외모도 보잘 것 없고, 가난하고, 사회적인 지위도 없는 사람이 당당하게 살아가는 사람도 있습니다. 자존감과 열등감은 자신을 보는 관점에 따라 결정됩니다. 문제는 조건이 아니라 관점입니다.

우리는 때때로 남의 거울에 비친 나를 진짜 나로 착각하는 경우가 많습니다. 세상에는 다양한 거울들이 있습니다. 깨진 거울도 있고, 찌그러진 거울도, 더러운 거울도 있습니다. 이런 거울들은 내 모습을 제대로 보여 줄 수 없습니다. 거울은 자기 식대로 나를 보여 줍니다. 그래서 깨진 거울은 깨진 모습으로, 찌그러진 거울은 찌그러진 모습으로, 더러운 거울은 더러운 모습으로 나를 보여줍니다. 이 모습을 그대로 내 모습이라고 받아들인다면 우리는 건강한 자존감을 유지할 수 없습니다.

우리는 가정이나 학교나 직장에서 다른 사람들이 나를 어떻게 바라보는가에 대해 많은 신경을 씁니다. 물론 그것도 중요하지만 그리스도인에게는 하나님이 나를 어떻게 바라보시는지가 더 중요합니다.

하나님 눈에 비춰진 나의 모습이야말로 가장 정확한 나의 모습일 것입니다. 하나님 눈에 잘 했다고 인정받는 것이 가장 정확한 평가일 것입니다. 다윗은 하나님 마음에 합한 자가 될 때 이스라엘의 가장 훌륭한 성군이 될 수 있었습니다. 모든 형제들에게 미움과 시기를 받았던 요셉도 하나님 앞에서 인정받을 때 애굽의 총리대신이 될 수 있었습니다.

남의 눈에 너무 신경을 쓰는 사람은 항상 비교의식으로 인해 열등감에 빠질 수 있습니다. 그러나 하나님 앞에서의 평가를 더 중요하게 생각하는 사람은 '한 영혼을 천하보다 귀하게 여기시는' 하나님의 절대적 사랑 앞에서 언제나 높은 자존감을 가지고 살아갈 수 있습니다.

자존감을 높이는 또 하나의 좋은 방법은 자신이 세운 작은 목표들을 하나하나 성취해 나가는 것입니다. 이를 위해서는 두 가지가 필요합니다. 하나는 성취 가능한 현실적이고 구체적인 목표를 세우는 일이며 다른 하나는 이 목표를 성취하기 위해 하루하루 최선을 다하는 성실한 삶입니다.

미국의 카터 대통령이 쓴 자서전 속에 오늘의 자기가 있기까지 가장 큰 영향을 미쳤던 일화가 소개되어 있습니다.

카터 대통령이 해군사관학교를 졸업했을 때 릭 오버라는 해군 제독과 면담을 했습니다. 오랜 시간 동안 질문을 하고 대답을 하다가 마지막에 제독이 카터에게 이렇게 물었습니다.
"자네, 해군사관학교를 졸업할 때 몇 등을 했는가?"
카터는 자신 있게 대답했습니다.
"820명 중에 59등을 했습니다."
그러자 제독이 다시 물었습니다.
"그 성적은 자네가 최선을 다한 결과인가?"
카터는 순간적으로 "예"라고 대답했습니다. 그러나 대답을 해놓고 나니까 곧바로 사실은 자기가 최선을 다한 것은 아니라는 것을 깨달았습니다. 그래서 "아닙니다."라고 다시 대답했습니다.
그러자 제독이 이렇게 말했습니다.
"왜 최선을 다하지 않았나?(why not the best?)"
카터는 제독과의 면담을 마친 다음에 집으로 돌아온 후 머리 속에는 "왜 최선을 다하지 않았나?"라는 제독의 질문이 계속 맴돌았습니다.
그 후 제독의 이 한마디가 카터의 삶에 평생 잊지 못할 모토가 되었고, 이 한 마디가 오늘날 자신을 대통령이 되게 한 원동력이 되었다고 고백했습니다.

우리는 매일 스스로에게 '오늘 나의 삶은 최선을 다한 삶이었나?'라는 질문을 던져보는 것이 필요합니다. 많은 사람들은 '나는 최선을 다 했어.'라고 말하지만 정직하게 스스로에게 물어본다면 최선을 다 하지 못한 경우가 얼마나 많은지 모릅니다.

다윗이 목동으로 들에서 양을 칠 때도 그랬고, 요셉이 보디발의 집에서 종살이 할 때도 이들은 자기에게 주어진 일에 최선을 다한 자들이었습니다. 작은 일들이었지만 소홀히 하지 않고 최선을 다한 것입니다.

하나님을 믿는 자들이 하나님 앞에서 최선을 다할 때, 신실하신 하나님께서는 반드시 거기에 합당한 결실을 맺게 하십니다. 이런 결실들이 하나하나 쌓여나갈 때 우리는 열등감에서 벗어나 높은 자존감을 가질 수 있게 되는 것입니다.